用最少的**動作**、最俐落的**練法**，
給你最大的**成效**

TOTAL TRAINING FOR THE
ADVANCED MINIMALIST

THE
QUICK AND THE DEAD

帕維爾

絕對爆發

訓練法

PAVEL
TSATSOULINE

帕維爾·塔索林———**著**

王啟安———**譯**

目次
contents

免責聲明

遵循本書指引進行訓練時，若不幸造成任何形式的傷害，本書作者與出版商不負任何責任。對特定人士而言，本書的訓練內容的強度或危險性可能偏高。建議讀者在實際操作前先諮詢醫師。

揭開肌力及體能訓練神秘面紗，讓自己的訓練再次啟蒙

怪獸肌力及體能訓練中心總教練 何立安博士

肌力及體能訓練是一個涵蓋科學與藝術的神祕領域，許多訓練的過程清楚地依循著生理學、力學和心理學的脈絡發展，但也有很多奇特而有效的訓練方法至今仍無法用科學完全解釋，這也讓訓練學變成無比迷人的一門學問。在過去美蘇兩強全面對壘的年代，兩國除了在軍事和政治上互不相讓之外，競技運動也成為兩國互別苗頭的舞臺，除了在各種國際競賽項目當中經常可以看到兩強相爭的場面之外，其背後代表的深層意涵是，誰能訓練出最優秀的人體，某種程度上代表了國力競爭的終極優勢。在這樣的時空背景之下，對於美國人來說，前蘇聯是一個可敬又可怕的對手，美國人必須拚盡全力才能與之抗衡，也因此鐵幕訓練變得神祕而又迷人。前蘇聯選手在各種運動賽事當中一再展現令全人類驚詫的優異表現，而在非常早期他們就已經發現，除了要發展各種競賽項目的高超技術之外，透過長期的訓練「改造」人體，量產超級強壯的運動員，是在國際競賽獨佔鰲頭的祕密武器。

時至今日，我們已經知道這場競賽最終的結果，軍事和政治的力量敵不過價值觀的選擇，最後前蘇聯瓦解，而美國成為當代的超級強權，但即便是在政治上取得勝利，美國人對於前蘇聯的人體訓練祕技仍然無法忘懷。在往後的數十載，美國人對於運動訓練的愛好不減當年，加上運動商業化的發達，運動科學的日新月異，以及所有人對於健康和生活品質的重視，使得運動產業在美國蓬勃發展，生活在這樣的環境裡，只要是對運動有興趣的人，都可以從網路上和在各處林立的健身房裡找到訓練的機會，整個社會率先走入這個「人人有功練」的新訓練時代。在這個百家爭鳴的市場裡，任何有效（甚至只是有趣）的訓練方式都被拋到檯面上，有些隨即被淘汰，有些開始獲得小規模的信徒，有些歷經時間的考驗，逐漸成為多數訓練者的共識，不過更重要的是，在這個時期，專業人員開始體認到技術升級的重要性，也開始尋找任何可以精進技藝的機會，而也就在這個時代，帕維爾（Pavel Tsatsouline）登場了。

傳聞中的帕維爾，曾是前蘇聯特種部隊教官，跟許多前蘇聯瓦解後的專業人士一樣，後來移居美國。他操著濃厚的口音，還經常習慣性的稱呼別人為「同志」！而他的背景跟過去的鐵幕帝國一樣迷人。高高瘦瘦的身材卻有著強大的力量，連脊椎生物力學專家斯圖亞特・麥吉爾（Stuart McGill）教授在幫他做肌力測試時都讚嘆不已。同時兼具體育、武術和軍事背景的帕維爾，為美國和全世界帶來許多特殊的訓練新知，其中包括神經系統訓練法、張力技術、週期訓練法，以及一顆令人好奇的、帶著握把的鐵球，這個如今已經風行全球的器材，嗯，沒錯，就是壺鈴。

帕維爾的訓練思維不僅僅是介紹新穎的運動器材給鐵幕世界以外的國家，事實上壺鈴僅僅是他的訓練系統當中的一小部分而已，他的訓練系統完備，思維脈絡細膩，幾乎所有健身者想知道的議題，他都已經深思熟慮且經驗豐富，更重要的是這些五花八門的訓練招數，是奠基在對訓練科學強大的理解和深厚的底蘊，雖然這些西方世界所不熟悉的訓練方式及訓練思維並非他獨特的發明，但是在他彙整和詮釋之後，為全世界帶來巨大的啟發。

在帕維爾開始講述訓練科學之前，美國流行的健身文化標榜的是刻苦耐勞、堅持到底，甚至享受痠痛的訓練態度，肌肉力量、肌肉質量和肌肉痠痛這幾件事情總是糾纏在一起，因此在許多健身者的邏輯裡，如果想要力氣變大，就要先讓肌肉變大，如果想要肌肉變大，就要忍受各種會製造痠痛的艱苦訓練，這個風氣走到極端，造成一種「越艱苦就越有效」的迷思，無論重量多輕多重，能多舉一下就多一下的效果，咬牙切齒汗如雨下的畫面被各種媒體不斷讚頌，不小心受傷也可能被解釋為光榮的勇者印記，但是在帕維爾開始闡述他的訓練思維之後，許多人才赫然發現，這樣的方式其實未必是訓練者最佳的選擇。

帕維爾指出，強大的肌力是一切運動表現的根本，因此所有的運動員、武術家和特殊勤務人員都應該要致力於提高最大肌力，這一點和許多西方思維並無二致，但是接下來的推論，就和許多流行的健身思維有天壤之別。帕維爾不認為「增加肌肉量」是提升肌力的唯一或最佳做法，肌肉力量其實是神經系統驅動肌纖維收縮的綜合表現，增加肌肉量雖然通常會帶來一些肌力增長的功效，但是神經系統的驅動力其實也有巨大甚至更高的進步空間，他用一個生動的譬喻，來描述這兩種不同的肌力進步機制：假設我們想把一輛汽車的動力升級，我們可以把四汽缸改裝為六汽缸，但是，如果我們只在乎汽缸的數量，不注重實際的運作能力，導致這六個汽缸只有三個汽缸在運作，整輛車也就只有三汽缸的動力。如果我們採取另一個途徑，就是致力於讓原本的四個汽缸都發揮到最高效能，則這輛汽車的動力顯然會優於空有六汽缸，卻只有三汽缸能運作的狀態。

這個譬喻在競技運動的世界裡屢見不鮮，許多人都觀察過這個現象，就是雖然更多的肌肉量具有更高的「力量潛力」，但是如果沒有針對用力的能力下功夫，許多肌肉碩大的人未必有強大的肌力，相反的，舉重、健力選手往往可以在體重不變的情況下大幅提升肌力，提升到超乎想像的強大，而精瘦的武術家可以一掌劈破厚厚的木板或磚塊，嗑藥嗑到神智不清的青少年，可能需要五六個彪形大漢警察才壓制得住。這些現象一再顯示一件事情：「人體的神經系統具有高度的開發潛力，徒有肌肉卻不懂用力，是無法發揮自己的最高潛力的，而人體的潛力一旦釋放，即便是瘦小的人也有驚人的力量」。

對於無法大量增肌的人，或是有體重分級的競技運動員來說，千萬不要放棄「提升肌力」這件事，因為神經系統徵召肌纖維的能力，還有巨大的潛力尚未開發，在沒有充分開發之前，每個人的肌力都距離自己的潛能甚遠。為什麼人

體在一般的狀態下會徒有肌肉卻無法發揮肌力呢？這種現象背後的基本假設是，人體的神經系統傾向過度保護自己，因此處處充滿了「抑制」的機制，為各種危險的動作設下重重的阻礙，開發肌力的過程其實是拿掉障礙的過程，是釋放肌力的過程，換言之，肌力的提升很大一部分來自於人體終於懂得用力。

而怎樣才算是懂得用力呢？帕維爾用簡單的一句話解釋：「肌力是一種技術（strength is a skill）。」

要讓身體敢發揮自己與生俱來的肌力，必須先讓身體覺得用力是安全的，而這是一項可以練習的技術，所以帕維爾才說：「肌力是一種技術」。技術的訓練需要深度的練習和體悟，又蠻又爆的勇猛鍛鍊，只會帶來一身痠痛和受傷，就算是真的長出粗壯的外表，神經系統很可能對於用力還是一樣恐懼，因此即便身材壯碩，實際上的力量也無法和「用力技術」高深的練家子相比。而就像我們學習任何技術一樣，技術的精進來自於成千上萬次的「正確練習」，全壘打、三分球、後空翻、後旋踢都一樣，需要一再地反覆練習，不斷重複正確的動作，直到一切變成自動化，可以不加思索就施展完美技術，才算是真的學會這項技術。發揮肌力也是一樣，無論是想提升抓舉、挺舉、硬舉或深蹲的成績，或是想要提升握力，或僅僅是想完成人生第一次成功的引體向上或單手伏地挺身，這些都要當成技術來練習。

技術的練習跟刻苦的、追求痠痛的健身潮流很不一樣，技術的練習是氣定神閒的，是精準而專注的，稍有訓練經驗的人都知道，在又喘又累的情況下練習一個不熟悉的技術通常很沒有效率，甚至可能是危險的，帕維爾的一位好友，也是知名肌力體能教練丹・約翰，他用的譬喻最有趣。丹・約翰說，肌力訓練就像學打字，用熱血澎湃的態度死命地敲鍵盤，是怎樣也學不好打字的，但如果

可以每次都氣定神閒的按對每一個按鍵，經過夠多的成功經驗之後，打字就變成一個自然而流暢的過程，學習技術都是如此，而肌力是技術，所以學習用力也是如此。

帕維爾用一種「grease the groove」的訓練方式來詮釋肌力訓練，從字面上看來，「grease the groove」是「把軌道上油」的意思，就好像工程技師在幫機械的軌道上油，增加潤滑，讓機械可以運轉更順利，帕維爾的「grease the groove」是利用相對較輕的重量，在刻意避免力竭的情況下，讓神經系統「學習」用力。所謂的相對較輕，不是真的很輕，而是刻意將反覆次數侷限在絕對成功的範圍內，比方說，最大肌力的80%，通常是可以操作8次反覆左右的重量（例如一位訓練者的深蹲200公斤，通常可以將160公斤蹲8下），但是，這8下通常是咬牙切齒的，尤其是最後幾下更是千辛萬苦，所以帕維爾建議，可以做8下的重量，就只做4下，可以做12下重量，就只做6下，可以做5下的重量，就只做2~3下，換言之，無論選擇的重量有多重或多輕，訓練的次數都大約是極限值的一半。這樣的訓練方式讓肌力訓練遠離任何咬牙切齒或痠痛發抖，而且幾乎不可能有失敗的時候，這剛好符合了「刻意增加成功次數」的技術型訓練思維。當一個人永遠在游刃有餘的範圍內做深度的練習，身體會逐漸適應，神經系統會逐漸提高對動作的掌握，逐漸降低各種抑制的機制，開放身體使用肌力的權限，接著人體就會感覺到，原本有一點點挑戰性的重量變得完全沒有挑戰性，這顯示身體已經掌握了使用這個力量的技術，是時候可以增加訓練的難度了。這樣的方式不瘋狂也不熱血，但身體已經悄悄地變強了。

帕維爾的訓練思維奠基在這種神經系統適應的基本理論架構之上，而這也影響了其他所有訓練的面向，包括如何技巧性的讓身體學會釋放力量，以及如何在訓練和恢復之間找到長期相容的平衡點，而這關係到他教人如何用「穩定性」

換得力量的張力技巧，以及長期進步的週期安排方式。更重要的是，在他的系統裡，肌力訓練不能拘泥在工具之上，槓鈴、啞鈴和壺鈴都只是產生張力的工具，人體的肌纖維不在乎你使用什麼工具，只知道該產生多大的張力來對抗，所以，徒手擺出高張力的姿勢，做出高張力的動作，也會大幅提升肌肉收縮的能力，即便身邊沒有任何訓練器材，還是可以持續提高身體的能力。這種一法通而萬法通的極簡主義，讓帕維爾的訓練可以適合任何環境、任何條件去達成任何目的。

帕維爾是揭開鐵幕訓練的神祕面紗的神祕人物，他的著作和教學讓更多人們接觸到更寬更廣的訓練思維，而當代的訓練科學和健身市場，也在他的強力激盪之下，產生更多更精采的訓練方式。研讀他的著作，學習他的方法，相信對許多人來說，會是一個讓自己的訓練再次啟蒙、再次升級的美妙過程。

單純卻極其有效，
完全釋放速度潛力的訓練法

台灣大學外國語文學系兼任講師 王啟安

「天下武功，無堅不破，唯快不破。」這句話不僅適用於武術，也完全可以套用在大部分的競技運動。在瞬息萬變的運動場上，1毫秒的差距都可能左右勝負；追求極致表現的競技運動員，平常反覆琢磨、刻苦訓練，爭取的不外乎就是讓速度再快一點點，讓自己成為運動場上所向無敵的掠食者。

作者帕維爾提供了這套單純卻極其有效的訓練法，用速度和早已掌握的兩個簡單動作，將我們已有的潛力進一步增強。不需要複雜的器械、也不需要花俏的動作，只需要幾顆壺鈴和一顆堅定的心，搭配壺鈴擺盪、壺鈴抓舉、伏地挺身等相當常見的訓練動作，就能在短時間內迅速提升爆發力。

本書受獵豹啟發，從大貓捕獲獵物的行動，發展出爆發力訓練的架構；接著從能量系統、內分泌系統等等運動生理學的研究和討論，找到絕對爆發訓練法的機制和優勢，以及高強度間歇訓練等等其他訓練法的缺失；最後提出具體的訓練動作與計畫，帶領讀者一步一步完成目標。

帕維爾是一位講求效率的實務訓練大師，為有決心、有毅力的訓練者提供一條直接了當且明朗的道路。帕維爾的訓練風格沒有絲毫猶豫、懶惰、取巧的懦弱行為，訓練意義是為了更深遠的追求和挑戰，訓練的內涵就應當要單純俐落、確實有效率。翻開這本書，你已經成功一半，接下來就拿出堅定的意志，跟隨這位當代訓練大師，效法大草原上快狠準的掠食者，讓絕對爆發訓練法激發你的內藏潛力，進一步提升體能的最高上限。

兩隻豹的故事

有一隻羚羊正在吃草，完全沒發現一隻大貓神不知鬼不覺地接近。這隻掠食者就像水銀流動，緊貼著地面伺機而動。

這天的大草原非常熱鬧，但只有一雙眼睛在盯著這隻豹。我的朋友喬治花了許多時間在非洲對抗盜獵的非法行為，所以他很清楚如何在不被發現的情況下觀察對方。最近他發現了一個新的樂趣，就是計算大貓狩獵的時間。

草叢間模糊的點，變成一道麥稈色的條紋。霎時間，只見羚羊瘋狂逃命，但是還好，牠的掙扎並沒有持續太久。咬合力足以粉碎厚重骨頭的母豹向前一躍，狠狠咬住獵物的脖子。

狩獵過程在16秒後結束。這隻驕傲的掠食者高高站起，君臨天下的姿態審視周遭，並跳起狂妄的勝利之舞。隨後，她就叼起這隻體型比自己還大的早餐，往樹上爬。

體重比我重整整23公斤的喬治說：「這就好像你用嘴巴叼著我爬樹。」但對豹來說根本沒什麼挑戰性，因為牠們可以叼著自己3倍體重的獵物爬樹。

喬治接著跟我分享另一隻豹的狩獵情形，和剛剛那隻很不一樣。

這隻公豹的狩獵過程顯得吃力許多，畢竟牠已經上了年紀，前腳掌又被一根刺扎進去，而且傷口還感染。這是許多野外頂級掠食者的共同煩惱。

公豹也成功捕捉到獵物，但牠的速度比較慢，花了更多的功夫和時間才擺平羚羊。不幸的是，牠把食物藏到樹上的速度不夠快，很快地就被一群投機的土狼攻擊。

公豹奮力抵抗，終於讓這群土狼夾著尾巴逃走。這時候喬治停止計時，時間總共4分鐘。

幸運的是，土狼沒有再回來，而此時筋疲力盡的公豹躺在地上氣喘吁吁。你能想像一隻豹氣喘吁吁嗎？根本有辱貓科動物的尊嚴。

最後，這隻老公豹調整好呼吸，便將牠的晚餐拖到樹上的安全位置。

幾個月後，喬治看到這隻公豹黯然躲進洞穴，從此沒有再出來過。豹的一生通常就是這樣終結。

PART

1

速度第一

FAST FIRST

練就一身豹紋

前言中第二隻豹的狩獵過程，跟現在很多人所謂的「高強度間歇訓練」（high intensity interval training, 簡稱HIIT）一樣，戲劇張力很強，但效率差又累人。我欽佩這隻老豹的硬派作風，畢竟牠那麼老了，但我就不建議你在週三晚上的健身課裡仿效牠的精神和行動。

我們這套絕對爆發訓練法的靈感來源則是第一隻豹，每個訓練組都非常剽悍，但都不會超過16秒。在沒有疲勞的情況下展現爆發力一點也不浮誇，卻是一種不折不扣的專業。

絕對爆發訓練法的宗旨就是讓你的身體在付出最少代價的前提下，能隨時隨地準備好身心，發揮出最高的運動表現。

你會變得很強，真的很強。

爆發力本身就已經夠棒了，而用正確方式訓練爆發力，更會帶來許多「什麼鬼效果」，包括肌肥大（hypertrophy）、減脂、耐力、抗脆弱、抗老化。

此外，如果你同時搭配重量訓練，絕對爆發訓練法能讓你肌力進步更多。

絕對爆發訓練可以說是極簡主義者的全方位訓練法，也可以在任何運動員固有的訓練法上錦上添花。

絕對爆發訓練不會讓你筋疲力盡，每次訓練只需要12-30分鐘，1週只要訓練2-3次。

絕對爆發訓練可以讓你在不得不停止或減少訓練的時候，把退訓練效應（detraining）的影響降到最低。就算你做出一個無腦的決定，一整個月都不訓練，然後再回去練拳擊，絕對爆發訓練也能讓你的狀況比想像中還好。

一位名叫馬克（Mark）的美國特種部隊成員，是出色的拳擊手、角力選手，也是健力選手。他的肌力很強，讓他在40好幾的年紀都還能維持競爭力。後來他在訓練計畫中加入絕對爆發訓練的壺鈴擺盪和伏地挺身，當時這個訓練計畫稱作「StrongFirst實驗性訓練計畫033」。（編注：StrongFirst為帕維爾創立的國際性體能訓練學校。）

「我完成了整整6週的033C訓練模板，當作健力訓練的暖身，每週做3次，每次30分鐘。我感覺到所有健力動作的速度都變得更快，而且身上的傷也比較不疼痛了。

「我也發現我在打格鬥的時候耐力提升了。而且因爲臀部的爆發力變強，速度明顯變快，打擊的力道也變強了。我感受到差別最大的地方，就是扭打時的臀部動作。我現在能夠透過爆發式髖屈伸來產生最大的力量，同時也讓我更不容易疲勞。

「我做髖屈伸並給予對手『重擊』的效率提升了，而這股力量再加上正確的動作角度，再大隻的對手在我面前都會像隻弱雞。以前我在擒抱和拋摔的時候都用手臂和背部的力量，但現在我已經懂得使用臀部的力量，讓我的實力和爆發力都顯著提升。

「此外，我也更能掌握自己的呼吸。我與對手纏鬥的時候原本都使用傳統的片段式呼吸，但現在越來越常使用『盾牌下呼吸』❶。我越來越少出現缺氧的狀態，而且也更能掌握對手的身體位置與動作。

「我的體重減少了9磅，而且根據我的目測，我認爲減掉的都是脂肪。我同時也不再攝取糖分，這點應該也有幫助，而且我的手臂肯定也變粗了。

---

❶ | 「盾牌下呼吸」在《帕維爾正宗俄式壺鈴訓練手冊》中有提到。

「整體而言，我覺得033C訓練模板非常有趣，而且具有靜心的力量。我在過程中都能進入心流狀態，而且覺得可以一直持續下去。之前我有好幾年沒碰壺鈴，我覺得這個訓練模板是讓我重新熟悉壺鈴的好方法。

「只是我得要買一顆更重的壺鈴了。」

絕對爆發訓練在男性和女性身上都一樣適用。

你知道一群獅子裡主要負責打獵的都是母獅嗎？

我生長的國度從來就不乏強壯的女性，她們在二次大戰時都和男性一起打仗，許多知名的狙擊手和飛行員都是女性。我的姨婆娜塔夏（Natasha）就是一位功勳卓著的退伍軍人。當年納粹入侵我國的時候她還是醫學院3年級的學生，而她在接下來的4年都以護理師的身分在前線服役。戰後娜塔夏回家並完成學業以後，就成為了一名民間航空醫師。其實前蘇聯多數的醫師都是女性。

好啦來看一個比較不嚴肅的。有一名俄國女性問她丈夫：「你愛不愛我？」她丈夫回答：「我不只愛妳，更尊敬妳，但也有點怕妳。」

伊拉莉亞·史可普斯是歐洲最強的蠅量級職業拳擊手,也是 StrongFirst 的認證教練。

我們StrongFirst歡迎女性來訓練,也對男女一視同仁。我們不會對女性有一些很奇怪的要求,例如要有「又長又纖細的肌肉」或「該剃的毛要剃」等等。所以在義大利籍運動員伊拉莉亞·史可普斯(Ilaria Scopece)為了準備重要比賽,找上我們的資深教官法比歐·左寧(Fabio Zonin)討論訓練建議時,左寧建議她操作033訓練計畫,也就是所謂的絕對爆發訓練。

伊拉莉亞的重量和一顆48公斤的大壺鈴一樣,但她可比壺鈴危險多了,因為她可是歐洲最強的蠅量級職業拳擊手。

伊拉莉亞的表現相當於一名體重 200 磅（約 91 公斤）的男性在 30 秒內用 48 公斤野獸級壺鈴做完
21 下完美俐落的單手壺鈴擺盪。

伊拉莉亞一開始可以用20公斤的壺鈴，在30秒的單手硬派壺鈴測試中做15
下。沒幾個月，她就進步到21下。次數進步40%本身已經很了不起，後來她使
用24公斤的壺鈴，比原本的重量多了20%。

在執行訓練計畫前，伊拉莉亞在30秒內總共擺盪了300磅（約136公斤）的總
重量；訓練後，她在30秒內完成了超過500磅（約227公斤）的總重量。這樣
算起來，她的表現等同於一名體重200磅（約91公斤）的男性，在30秒內用
48公斤野獸級壺鈴做完21下完美俐落的單手壺鈴擺盪。

但壺鈴不會反擊。伊拉莉亞在擂臺上的表現，遠比壺鈴擺盪和伏地挺身的數字重要。她的拳擊教練曾經給她一個考驗：與兩名經驗豐富且體重都比她重15％的陪練員，輪流進行一共10輪的對練。

「跟他們對練的時候，我發現自己的速度和爆發力都比以前更好了，而且對練的全程都能維持⋯⋯體力好像用不完似的。」

伊拉莉亞在下一場拳賽的第一回合，只用了37秒就把來自東歐的對手擊倒。

類似的故事，我們還有很多。

話又說回來，也不是每個人都適合絕對爆發訓練。

首先，絕對爆發訓練不適合初學者。我們測試各種訓練計畫時，發現雖然所有人用了這套訓練法都會進步，但令我們大為意外的是，進步幅度最大的是有經驗的運動員。比起還在用基礎的「單純又凶狠計畫」（收錄於《帕維爾正宗俄式壺鈴訓練手冊》）慢慢打底子的人，那些格鬥選手、特種部隊隊員、職業棒球選手、越野摩托車騎士和可以用野獸級壺鈴肩推很多下的人，不管是絕對或相對上的進步幅度都大很多。

這聽起來似乎不太合理，以下是我們認為造成這種矛盾情形的可能原因。

首先，絕對爆發訓練需要有肌力基礎。如果缺乏要經過大重量或高張力訓練才能得到的強壯核心，任何人都不可能發揮出自己的爆發力潛能。弗雷德・哈特菲爾德（Fred Hatfield）博士幾十年前就有講過：「如果你人在獨木舟上，根本就不可能發射得了大砲。」

第二，爆發力是一項需要經過學習的技巧。初階運動員似乎需要額外的外部阻力讓肌肉充血，才能激出反作用力。換句話說，初階運動員無法在阻力不重的情況下激出爆發力。因此，初學者訓練時缺乏足夠的強度來產生想要的代謝作用，甚至覺得絕對爆發訓練做起來輕鬆到不行，最後只能得到一點效果而已。在爆發力與乳酸關係的光譜上，單純又凶狠計畫是剛好介於絕對爆發訓練和高強度間歇訓練之間，適合初階運動員。

最後，每個人適合什麼樣的計畫也和個性有關。有人比較像「貓」，但多數人不是「狗」就是「持續不懈的獵人」。個性孤僻的貓非常擅長短暫的爆發動作，持續不懈的獵人則會想辦法讓獵物累死，而狗則在這兩種目標達到之前就會累死。

不過就算你天生不像貓，若把自己當成貓來訓練還是可以得到許多好處，至少可以成為你的第二種訓練模式。我們就看過很多高等運動員，在耐力訓練中加入絕對爆發計畫之後，得到非常優異的效果。

絕對爆發訓練除了讓你更健康，也會提升你的生活品質。

「代謝型訓練」（metcons，即metabolic conditioning）會讓你的體內充滿乳酸、自由基，以及有毒的氨。這種訓練方法會抽乾你肌肉裡的能量，症狀就和長期疲勞一樣，而且你會感到全身痠痛、疲勞，也會更容易受傷。此外，你的心理健康和荷爾蒙狀態也會受到影響，整個人都會感覺很糟。你真的願意為了「健美」付出這麼高的代價嗎？

而如果你是一名第一線急救員，你覺得一般市民會樂見你做這種代謝型訓練嗎？這樣對他們公平嗎？

速度第一

只要你願意，你可以成為任何你想要的樣子。不管是一名戰士、運動員，或是準備好面對人生各種挑戰的人。但首先你必須變強壯。

變強壯以後（哪怕是只有一點點強壯），就可以考慮把重點放在爆發力。

$$P = F \times V$$

即爆發力（P）等於力量（F）乘以速度（V）。換句話說，爆發力需要肌力和速度的精準配合。

為什麼要訓練爆發力？

首先，爆發力本身就是爆發力訓練的效益。

第二，爆發力提升後，你會得到一連串的「什麼鬼效果」。

科學研究和經驗法則都告訴我們，專注於爆發力的訓練，能讓進階的極簡主義者在所有體能指標都獲得實質進步；爆發力訓練也會讓競技運動員的表現大幅提升，同時降低總訓練量。

前蘇聯各領域的菁英運動員都要接受不同體能指標的測試，而多數運動員在自身專項以外的能力表現都嚴重落後，這點並不令人意外。舉例來說，舉重和體操選手幾乎都沒有耐力可言，而耐力型運動員都沒有什麼力量。短跑選手則是極端值，他們的整體能力都相當突出。具體來說，短跑選手的力量不會落後力量型運動員太多，而且他們的耐力也相當不錯。

知名生物化學教授尼可拉・亞科夫列夫（Nikolay Yakovlev）曾經做過實驗，比較各種訓練主軸（速度、爆發力、肌力和耐力）對其他體能指標的影響。他的結論是：

「綜合功效最好的訓練主軸是速度和爆發力，因為它們會引發一連串的生物化學變化，可以當作速度、肌力，以及耐力的基礎……而若以肌力為主軸，當然會提升肌力，也會讓速度得到一定程度的進步……但如果長時間使用穩定負荷執行訓練，就只能提升長時間的耐力而已。」

亞科夫列夫蒐集了很多資料，比較不同訓練類型對於肌肉的影響。結果顯示，純粹的爆發力訓練能有效提升整體體能指標。讓我們來看看一些數據。

肌肉生長			
運動			
耐力	衝刺	爆發力	肌力
肌凝蛋白生長百分比（與未訓練程度比較）			
0	18	60	59

肌凝蛋白（myosin）屬於收縮性蛋白，在肌肉細胞移動和產生力量時扮演「活塞」的角色。以上數字顯示，對肌肉的訓練效果上，高速度的訓練動作和「很用力」的訓練動作不相上下，而且使用的重量輕很多：最高的爆發力大概會出現在最大肌力❷的 ⅓ - ½，而我們訓練的阻力通常只會比這個重量重一點點而已。如此輕的重量能夠刺激快縮肌纖維，請不要感到意外。動作速度越快，徵召快縮肌纖維所需的力量就會越少。

講到肌肥大，就不能忽略睪固酮（testosterone）。雖然本書針對各種荷爾蒙對身體組成的影響，以及各種運動對內分泌系統的影響，都遠比一般健身書籍還少，但可以確定的是，以任何方式提升體內的睪固酮濃度，都有助於肌肉生長。許多研究顯示，做完爆發力訓練以後，睪固酮濃度會快速提升。舉例來說，做完5組10下的輕重量深蹲跳以後，睪固酮濃度會增加15％以上。科學家一致同意的是：「高爆發力阻力訓練……會讓睪固酮快速上升……規律執行高爆發力阻力訓練的運動員都會有明顯的肌肥大，一部分原因就是他們採用這種訓練模式。」

---

❷ | 這裡的「最大肌力」不一定代表 1RM。在這個情境下，臥推的最大肌力也許和 1RM 一樣，但深蹲就不一樣，因為你必須把整個系統重量算進去，也就是你自己的體重。而壺鈴擺盪或衝刺加速等訓練動作，就完全沒有辦法計算最大肌力。

一名學生在我們的 Strong Endurance™ 研習課上做深蹲跳

除了能提升睪固酮以外，爆發力訓練也是保持年輕的一大關鍵。

在老化的過程中，首先流失的是速度，再來是肌力，最後才是耐力。亞科夫列夫教授指出，你絕對不會看到70歲的老人在百米賽道上衝刺，但他們隨時隨地都能走個15-20公里，沿路打獵或採磨菇。老化過程中，力量的動態成分會先流失（跳躍、投擲、快速等等動作的能力），而靜態與緩慢的力量則會陪著我們比較久。

在老化的過程中，二型肌纖維會優先流失。一名靜態生活的80歲老人，身上的快縮肌纖維大概只剩下30歲時的一半。有些已經當阿公阿嬤的人，如果平時最動態的活動是玩賓果，我們就應該好好關心他們。弗拉第米爾‧札季奧斯基（Vladimir Zatsiorsky）和威廉‧克雷默爾（William Kraemer）教授都強調：「肌肉快速產生力量的能力非常重要，是預防我們跌倒的保護機制。」兩位教授也補充道，我們無法防止這種能力流失，但從長青爆發力與力量型運動員的經驗看來，我們似乎可以透過爆發力訓練來減緩流失的速度。

老化過程中，體內氧化過程的強度也會下降。在靜止休息狀態，70歲老人每下心跳所消耗的氧氣，比二三十歲年輕人少了40%，因此他們能承受的訓練量也會比較少。

亞科夫列夫教授是二戰退伍軍人，很幸運不需要別人的照顧，也不需要照顧別人。他認為最適合長者的運動必須包含加速度的成分，這樣才能同時刺激肌肉生長與有氧能力。用爆發力訓練來強化粒線體（mitochondria）和快縮肌纖維，這是逆轉老化的最佳處方。

來看看與耐力相關的數據。

有氧爆發力			
運動			
耐力	衝刺	爆發力	肌力
最大組織換氣率成長百分比（與未訓練程度比較）			
53	45	48	20

最大組織換氣率（maximal tissue respiration rate）指的是粒線體（人體內的氧氣發電廠）可以處理的工作量。耐力訓練在這方面的表現首屈一指，一點也不令人意外，但爆發力訓練的效果卻與耐力訓練非常接近。

而且，透過爆發力訓練來提升體能的代價很低，因為你不需要在外面一直吹風，也不需要讓肌肉「燃燒」。

衝刺和一般的高強度間歇訓練不一樣。衝刺的運動時間很短，組間休息可以盡情耍廢。加拿大傳奇衝刺教練查理·法蘭西斯（Charlie Francis）會讓運動員在做完第一次的8秒衝刺以後，休息15分鐘，而之後每次衝刺完，休息時間都會

越來越長。爆發力訓練也不同於「代謝型訓練」。爆發力訓練的反覆次數都很低，組間休息都很長，至少要2-5分鐘。

總而言之，我們在爆發力訓練時最不想看到的就是疲勞，而我們可以把爆發力訓練帶來的耐力適應，視為純粹的「什麼鬼效果」。而且，如果你採用我們後續會討論的方法，為了達到最大的粒線體向上適應，而用特殊的方法來安排爆發力訓練，你的體能將會獲得驚人的進步。

從減脂的觀點來看，科學家發現，速度訓練會提升碳水化合物的有氧代謝，但不會提升脂肪的代謝。不過，弗拉第米爾・普拉托諾夫（Vladimir Platonov）教授指出：「在高速度訓練下，脂肪組織減少的幅度會大於慢速度訓練。」我當然可以用很冗長的篇幅來討論速度訓練對胰島素敏感度的好處，但我覺得實在太無聊，就不贅述了。

我們在StrongFirst從不主動追求減脂。減脂只是我們在追求肌力與爆發力的過程中，剛好得到的效果而已。傑夫・諾伊佩特（Geoff Neupert）曾經是SFG（編注：此為StrongFirst的壺鈴訓練部門，字母G代表的是壺鈴的俄文girya。）的教官，也是一名優秀的舉重選手，他曾經說過，舉重選手不需要特別做有氧運動就能維持很低的體脂率。事實上，前蘇聯舉重國家隊的標準體脂率大概是6-7%，但有一名重量級選手大衛・瑞格（David Rigert），堪稱史上最強的舉重選手之一。他的體重大約是200-220磅（約91-100公斤），但他的體脂率只有4%。瑞格把自己的體型稱為「純戰鬥體重」。

健康的飲食習慣當然也有幫助。瑞格的早餐大概都是：兩顆生蛋、兩塊不含額外配料的牛排、大約半磅（約227克）的酸奶油、一杯咖啡，以及礦泉水。

擁有「純戰鬥體重」的大衛‧瑞格。

酸是速度的大敵

200多年前，瑞典科學家永斯・貝吉里斯（Jöns Berzelius）在一隻剛獵到且筋疲力盡的雄鹿肌肉中發現了乳酸。

酸是肌肉張力和放鬆的大敵，會讓人陷入僵硬這種進退兩難的無人地帶。此外，酸也會模糊大腦對肌肉下的指令，抑制三大能量系統，還會在許多方面干擾收縮和放鬆（也就是力量與速度）。

速度下降，就代表你在疾速和致命的光譜中往右移動。

麥克斯・狄德克（Max Dedik）是極真空手道的冠軍，也是一名優秀的教練，他非常反對格鬥選手採用代謝型訓練。狄德克曾經說：「我常常看到有人在一兩組訓練中做了50下或100下波比跳。你高興的話就去做啦，但我保證你的速度一定會變慢。」

狄德克建議我們去比較極真空手道這種全接觸型比賽和非接觸型比賽的選手速度。他說：「半接觸型選手訓練時會避免大量酸中毒（acidosis）（編注：乳酸濃度過高就是一種酸中毒），因為他們知道這樣會讓速度變慢，而速度就是他們的一切……就去比較他們的冠軍和我們的冠軍之間的速度差異好了，這樣懂嗎？」

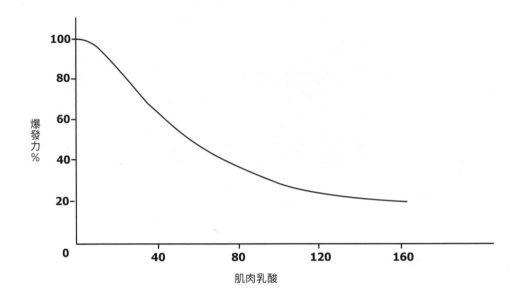

工作肌群的乳酸濃度和爆發力輸出的關係

乳酸會影響速度和力量，但受影響最深的還是爆發力。肌肉疲勞的情況下，速度和力量下降的比例差不多，因此爆發力下降的幅度更大，畢竟爆發力等於速度乘以力量。舉例來說，如果力量和速度各下降20％，就表示爆發力會下降40％。厲害了吧！

如果你用力的時間比前言中第一隻豹還要久，或休息時間太短（例如高強度間歇訓練或代謝型訓練），爆發力就會下降，而且下降很多。舉例來說，自行車或跑步全力衝刺30秒後，爆發力就會下降高達50％。

請好好想想：只需要半分鐘，乳酸就會讓你的爆發力腰斬。

肌肉在疲勞的狀態下，無法快速又有力地收縮，只能花較長的時間用較弱的力量來彌補，因而干擾動作協調。如果在野外，可能會讓你獵不到晚餐，甚至自己變成別人的晚餐。就算你運氣好躲過一劫，你下次的動作也會變慢，而且做不漂亮。

運動員如果習慣咬牙撐過這種累積乳酸的訓練，動作模式就會大受影響，此時他自以為能做出的爆發式動作，其實一點都不爆發，就像你在健身房看到代謝型訓練的波比跳那樣。許多格鬥選手大量使用代謝型訓練，導致他們的攻擊又慢又沒力，這個狀況狄德克已經看得太多了。這些人的訓練根本不會讓速度變快，只會讓自己死得更快。

就算你今天做完高強度間歇訓練以後安然無恙，你明天或後天還是可能變成別人的晚餐，還是可能因為痠痛而無精打采或無法動彈。

老派教練都很搞得清楚狀況：乳酸會讓你痠痛。雖然今天大家都知道，痠痛的罪魁禍首是離心收縮帶來的細微損傷，但我必須說，乳酸帶來的影響可不輸給肌纖維的細微損傷。

請你做一個實驗：回頭翻翻你的訓練記錄，找找讓你非常痠痛的那幾次愚蠢訓練。舉例來說，你當時瘋狂做伏地挺身、休息一分鐘，繼續伏地挺身、再休息一分鐘……請你回想當天肩膀和肱三頭肌的感覺。

現在請你一樣做伏地挺身，而且使用一樣的次數和動作技術，但這次每組只做5下，然後每組之間休息15分鐘。

過了幾天以後，你會感到非常舒服，這時候你如果遇到一個拿著哨子和碼表的老派教練，告訴你乳酸會讓你痠痛的時候，你就不會對他翻白眼了。

乳酸本身不會在你的肌肉上燒出洞來，但會引發許多反應造成肌肉的損傷。

人體的肌肉中有許多稱為溶體（lysosomes）的小小氣泡，溶體裡面包含些許酵素，可以分解和排除肌肉內受損或不再需要的成分。溶體只會在肌肉裡有乳酸的時候運作，而在乳酸濃度適中時，溶體會正常運作，甚至能幫助肌肉生長。但如果乳酸濃度異常，溶體的作用就會開始對肌肉產生負面影響，讓你在接下來一兩天都會明顯感到不舒服。

維特・斯洛亞諾（Victor Selouyanov）教授指出：「無論訓練是為了運動表現還是為了健康，我們都希望細胞能夠成長並更新，同時摧毀一些有缺陷的結構。要做到這點，就要讓肌肉有些許酸中毒，讓細胞得以更新，卻不至於自我毀滅。過度活躍的溶體會導致細胞死亡。」

雖然我們需要一定程度的乳酸，才能透過一些機制促進肌肥大（詳細機制超出本書討論範圍），但乳酸太多對肌肉具破壞性的影響。俄羅斯的科學家曾經研究過，想探討各種形式的運動和負荷會對體內的合成代謝（anabolic）與分解代謝（catabolic）效果帶來怎樣的影響。其中一種運動形式是典型的高強度間歇訓練，就是騎飛輪車3組，每次騎60秒，組間休息2分鐘。在所有形式的運動中，騎飛輪車的分解代謝效果最強，而甚至到了第4天，受試者的身體都還沒進入合成階段。

實驗中另一種運動形式是10組20下的蛙跳。這個動作包含很大的離心負荷，而且一樣有非常強的分解效果，只是沒有騎飛輪車那麼強烈。過了2-3天以後，受試者的身體終於開始進入合成代謝階段。後來讓我們更驚訝的是，這些受試者都是競速滑冰選手，他們都對代謝型訓練非常習慣，但不習慣離心負荷。

乳酸傷害肌肉組織並造成痠痛的另外一個方式，就是刺激自由基或所謂ROS（reactive oxygen species，活性氧類物質）的生成。

自由基和乳酸一樣，如果適量，就對人體有益，一旦過剩，小則摧毀運動表現、健康，大則甚至危及性命。自由基和乳酸本身對人體都沒有害，真正有害的都是過高的劑量。

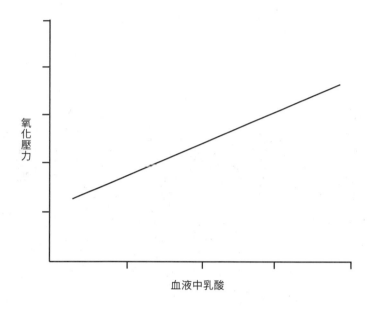

縱軸：氧化壓力

橫軸：血液中乳酸

乳酸濃度和氧化壓力的線性關係

代謝型訓練會產生最多的ROS。你可能聽說過麩胱甘肽（glutathione，簡稱GSH），這就是我們體內產生的「所有抗氧化劑之母」。科學家會用麩胱甘肽「用盡」過後的濃度，來評估體內的氧化壓力，結果發現，在高度疲勞型的運動之後，體內麩胱甘肽和乳酸的濃度呈現線性關係。

首席研究員瑪雅・申尼科瓦（Maya Pshennikova）教授指出，ROS是許多肌纖維組織最主要的破壞因子。其他俄羅斯的專家也指出，如果軟組織和結締組織裡的自由基過多，可能會導致組織退化或彈性降低，最後造成受傷。如果能在訓練中避免乳酸的堆積，並實行絕對爆發訓練計畫，很可能可以提升軟組織的品質。彼得・帕克（Peter Park）是一名肌力體能教練，曾經指導許多優秀運動員，而他一直從運動員合作的治療師身上聽到類似的概念。也正是因為絕對爆發訓練有助於提升軟組織品質，SFG資深教官亞雷西・希納特（Alexey Senart）才會認為，他所謂的「年邁的魔鬼終結者們」最適合使用的訓練模板就是絕對爆發訓練。

彼得‧帕克正在指導 J.J. 姆諾（JJ Muno，美國大聯盟棒球運動員）。

代謝型訓練、疲勞、僵硬、痠痛，都留給獵物吧。我們要做的就是保持活力，等待打獵的那天到來。

彼得‧帕克是賈恩卡洛‧斯坦頓（Giancarlo Stanton）、蘭斯‧阿姆斯壯（Lance Armstrong）、賈斯汀‧韋蘭德（Justin Verlander）、肯‧羅克森（Ken Roczen）、黛安娜‧桃樂希（Diana Taurasi）等等菁英運動員的肌力體能教練。他曾經說過：

「我訓練的對象什麼人都有，包括職業棒球選手、美式足球選手、重機騎士、自行車騎士、三鐵選手、高爾夫球選手、知名企業執行長，以及高中運動員等等。我用了帕維爾的絕對爆發訓練法後，不僅看過許多『什麼鬼效果』，我所有的學生也都跟我說，他們的體力、恢復、身體組成等各方面都進步了。帕維爾在這本書裡提到的極簡主義訓練計畫，真可說是造福了全人類。」

腎上腺素屬於獵物

「⋯⋯無懈可擊的空無沉著。」

小說家彼得・本奇利（Peter Benchley）對於梭子魚的描寫，非常值得我們訓練時參考：面無表情，波瀾不驚地狂放爆發力。

壓力是獵物的專利，不適合掠食者。

體內乳酸濃度過高，會產生對身體有害的自由基，而壓力和腎上腺素（adrenaline）則會讓自由基的影響加劇。歡迎參加「高強度間歇訓練」！這種課程把每次的鍛鍊都當成競賽，還會用「能量飲料」來促進學員的體能狀況，根本就是火上澆油。

ROS對身體造成的傷害，在壓力大的時候會變嚴重，而且無論哪種壓力都一樣。腎上腺素則會讓代謝型訓練引起的氧化反應，對身體和心理造成實質的傷害。腎上腺素會抑制抗氧化劑麩胱甘肽的合成，一旦濃度過高，會使自由基對粒線體的傷害幾乎加倍。身體相當聰明：你都快要成為別人的午餐了，還需要擔心老化速度加快的問題嗎？

腎上腺素和正腎上腺素（noradrenaline）都是具有動員效果的荷爾蒙，但效果不一樣，而且不同人和不同物種身上的比例也不同。腎上腺素和恐懼比較有關，而正腎上腺素則和侵略有關。如果你真的覺得訓練就是要像斯巴達那樣才對，請參考以下的數據：

物種	腎上腺素與正腎上腺素比例
兔子	50：1
雞	10：1
人類	5：1
獅子	1：1

你想要成為哪一種？

也許你會說：「所有人都要準備好才能訓練啊！」但你要知道，狒狒和其他很容易受同儕壓力影響的物種，腎上腺素與正腎上腺素的比例都很高，就像兔子一樣。

世界級的健力選手又如何呢？他們不會在訓練時讓自己的腎上腺素爆表嗎？

會，大概一年兩次，而且一次是全國賽，一次是世界級的比賽。這些菁英選手都知道的是，兔子的行動力比獅子還強，而在面對奪牌或破紀錄的壓力時，確

舞臺上的獅子：丹·奧斯汀（Dan Austin）和因幡英昭（Hideaki Inaba）。奧斯汀在 1992 年曾以 148 磅（約 67.2 公斤）的體重硬舉 705.5 磅（約 320 公斤），刷新了世界紀錄，而這個紀錄在 ¼ 個世紀以後，仍讓人望塵莫及。

實該拿出拚命的精神來奮鬥。但他們也知道，在競賽的舞臺上讓腎上腺素爆表以後，緊接而來的 3 週他們都將如行屍走肉。因此，一年中大約有 350 天的時間，他們都會在訓練時避免身體分泌這種兔子荷爾蒙，而是會維持在獅子的模式：專注不浮躁。

也許有些涉獵範圍較廣的讀者會感興趣：正腎上腺素的分泌會讓體能變好，也會增進創造力。或許正是因為如此，日本武士對於戰鬥和詩詞都非常在行。

正腎上腺素似乎在結果確定的情況下比較容易分泌，而腎上腺素則在結果不明和焦慮的情況下分泌。所以毫不令人意外地，鯨魚的正腎上腺素比例又比獅子還高，畢竟對他們來說，生存的環境根本沒有威脅也沒有不確定性。菁英健力選手也是如此，他們都知道自己要做幾下，完全沒有疑問，也不可能會失敗。艾德·寇恩（Ed Coan）在數十年的傑出生涯中，打破了超過一百個世界紀錄，而且他訓練中從來沒有出現任何一次的失敗！寇恩的表情總是如此冷靜沉著，根本打了肉毒桿菌吧！

爆發力很強的人，通常都很會放鬆。你知道豹的呼嚕聲其實和家貓一樣嗎？

疾速和致命，
絕對爆發的光譜兩端

在南美洲的叢林中，一隻美洲豹正在獵捕一隻會反擊的凱門鱷。美洲豹跳進河裡，試圖攻擊這隻全身扭動且咬力驚人的爬蟲類，最後準確命中牠的頸部。危險的鱷魚在自己的地盤成了美洲豹的晚餐。

凱門鱷或短吻鱷的速度確實很快，但如果沒有命中目標，牠們就麻煩了，因為牠們的攻擊就像毛瑟槍，是一種一次只能擊發一顆子彈的前膛槍；而掠食者美洲豹的攻擊就像是左輪手槍，可以很快重新裝上子彈反覆擊發。爬蟲類的有氧系統很弱，而且非常仰賴糖解作用，讓牠們在面對美洲豹時相當不利，因為美洲豹的有氧系統很強，使牠們能夠在每次閃電般的攻擊後快速恢復。

短吻鱷在單次快速行動後，需要幾個小時的休息和喘氣來清除體內的乳酸，科學家認為，爬蟲類的親戚恐龍也有類似的代謝條件，所以恐龍很難對付哺乳類掠食者，因為哺乳類的有氧系統比爬蟲類強太多，可以持續展開攻勢。

歡迎進入有氧系統的大本營，也是人體細胞的發電廠：粒線體。

本書一開始其實並非完全要以爆發力為中心來論述，並扭轉大家對健康的概念；而是要討論如何透過訓練粒線體，來促進高爆發力區間的耐力表現。

令人意外的是，一個人粒線體的狀況，影響所及不只是划船或柔道比賽的結果而已。套用尼克・連恩（Nick Lane）博士的說法，粒線體甚至可以「決定你的生死」。

在非洲大草原或以前的美國大西部表現出「疾速」或不幸「致命」，只是本書書名（The Quick and the Dead）靈感背後的冰山一角而已。

「他們必在那將要審判活人死人的主面前交帳。」（Who shall give account to Him who is ready to judge the quick and the dead.）──**彼得前書4:5**。

聖經中「quick」（快速）的意思其實就是「活著」。絕對爆發訓練法不僅會讓你的運動表現提高，而且不會傷害你的健康，甚至能大幅改善健康。

在古英文中，「quicken」（加快）的意思是「出生」；而未出生的胎兒在母親子宮內的第一個動作，稱為「quickening」（加快）。恰巧，我們的粒線體基因也是來自母親。

健康、強壯、豐沛的粒線體讓人更能面對生活中各式各樣的挑戰，包括寒冷、炎熱、高海拔、感染、中毒、輻射等等。

如果粒線體功能失調，可能會造成心血管疾病、神經退化性疾病、癌症、糖尿病、肥胖、老化等等。

人體內的自由基主要從粒線體產生，但就算你吃藍莓吃到臉色發藍，體內還是會產生ROS，因為含抗氧化劑的食物和補充品其實效果都很有限。你真正需要的是更多、更強、更好的粒線體，這樣不僅會減少自由基的產生與滲漏，套句亞歷山大・安德列維夫（Alexander Andreyev）博士的說法，粒線體還能當作自由基的「過濾網」。

如果你想盡可能維持速度（也就是「活著」），就必須用正確的方式對待你的粒線體。

會破壞粒線體的行為其實也就是那些我們都知道對健康有害的舉動，包括抽菸、喝酒、飲食過量、吃垃圾食物、環境汙染、過度訓練等等。

會促進粒線體功能的行為則包括限制熱量、間歇性斷食、避免缺氧和失溫，以及穩定狀態的有氧訓練。

現在，要全方位提升快縮肌纖維裡面的粒線體，我們提出另一個全新的訓練方法：絕對爆發訓練。

帕維爾絕對爆發訓練法

PART

2

生命的猛烈

THE FEROCITY
OF LIFE

漫長又曲折的路

1980年代是前蘇聯在運動界最輝煌的年代，當時尤里・佛科軒斯基（Yuri Verkhoshansky）教授曾針對耐力訓練提出一個獨到的見解：

「如果我們不訓練運動員忍受乳酸的能力，而是想辦法讓他們產生更少的乳酸，這樣如何呢？」

於是AGT，也就是抗糖解訓練（anti-glycolytic training）就誕生了。

雖然AGT誕生的國家已經不復存在，但AGT還是在21世紀的今天，讓許多俄羅斯的選手在各式各樣的運動項目取得優秀表現，包括柔道、越野滑雪、划船、自行車，以及全接觸空手道。

佛科軒斯基教授用以下這句話總結AGT：「……訓練必須採取『抗糖解』的方式，也就是盡可能減少糖解作用。」

他就是這樣寫的。

5年多前，StrongFirst的團隊成員請我設計下一代的體能訓練計畫，我覺得應該很容易，所以就答應下來。當時我想說只要把前蘇聯和俄羅斯針對AGT的

現存研究，直接套用在壺鈴擺盪等我們StrongFirst本來就會用的訓練動作就好。我原本很確定大概幾個月就能寫成一本書，但我不知道的是，我根本就在挖一個無底洞。

AGT的主要訓練目標是粒線體，所以我就很勤勞的開始回顧俄羅斯和西方的相關文獻，看看快縮肌纖維的粒線體對運動的適應狀態如何。討厭的是，俄羅斯和西方文獻的結論有決定性的衝突。

佛科軒斯基教授是一名經驗主義者，他只注重結果，不太在意過程發生的事，而且通常比較順其自然。他的方法非常成功，畢竟他對運動界至少有兩項重大貢獻：「增強式訓練」和AGT。

佛科軒斯基教授的實驗方法確保了他的發現歷久不衰，畢竟理論解釋常常會被推翻，但結果是騙不了人的。以前科學界流行一句玩笑話：「這個在實務上看起來確實很有效啦，但理論上說得通嗎？」

佛科軒斯基教授對於他創見背後的生物化學機制不太有興趣，但後續的研究者有繼續探討。他們認為，AGT可以在快縮肌纖維裡面創造有氧條件，藉此增加快縮肌纖維中粒線體的尺寸與數量。

武術冠軍安德莉卡‧史黛芬斯卡（Andżelika Stefańska）在 Strong Endurance 的格鬥選手講座中示範抗糖解訓練法。她把同事 SFG 隊長麥克‧索沙（Mike Sousa）當作沙包在打，而且完全沒在客氣。

不幸的是，一些可靠的西方研究指出，這個機制只會出現在慢縮肌纖維。

在這個地方撞牆以後，我馬上換一個方向探討。有些俄羅斯的專家指出，高濃度的乳酸會摧毀粒線體，但是美國卻有研究指出，高強度間歇訓練可以強化粒線體。

我花了好幾年的時間，好不容易釐清了這些衝突的概念。不過，我現在不會詳述（欲知詳情請參加Strong Endurance的研討會），我只提出簡單的結論。

前蘇聯和俄羅斯的AGT雖然可以稍微增加粒線體的尺寸和數量，但效果不太明顯。不過，AGT確實可以提升粒線體的運作品質，讓粒線體的運作能力更強，並降低體內乳酸帶來的傷害。

高強度間歇訓練可以讓粒線體的質和量都顯著提升，但對身體造成的負荷卻非常大。

針對粒線體生物合成或產生的細胞路徑，西方科學家的研究相當完善，因為他們追蹤了觸發這些路徑的代謝機制。有些針對高強度間歇訓練做實驗的科學家非常注重這些發現，重視到忽略身體其他地方正在發生的生物化學反應。結果就是，他們提出的訓練計畫確實有效，但效率有待加強，且常常有嚴重的副作用，就像一盒警語很長但字很小的藥一樣。

這些副作用包括嚴重痠痛、無精打采、壓力、荷爾蒙失調、大量自由基，以及對心臟的不良影響。

我後來就想，一定會有更好的訓練方法。

接下來我要稍微探討科學原理，會有點硬。我都用很簡單的文字來解釋訓練法的好處，但我發現還是有人想看硬一點的內容。如果不想讀，你可以直接跳到〈Part 4 快樂打獵！〉你這個死娘炮。

三大能量系統

我不打算詳細分析各個能量系統的特性來讓你感到無聊，因為你要嘛已經知道，要嘛根本不在乎（不管怎樣我都歡迎你繼續讀下去）。我只提出一些和絕對爆發訓練相關的重點就好。

碳水化合物、脂肪和蛋白質都含有能量，但這些能量如果從財金術語來解釋，它們都不是「流動的」，而是必須先轉化成ATP這個「現金」形式，肌肉和其他身體組織才能使用這些能量。

ATP裡面的A是什麼呢？現在不必講太多，你該知道的時候就會知道。不過簡單來說，A就是ATP的結構基礎，我們先把它稱作「A結構」好了。

P代表的是「磷酸鹽」，是一種含有磷的分子。磷酸鹽會形成含有能量的化學鏈結，並能夠輕鬆釋放這些鏈結。

T代表的則是「三」，指的是與「A結構」相連的磷酸鹽數量。

ATP分解產生能量以後，會丟掉一個P並成為ADP，而這裡的D則是代表「二」的意思。

一個人從出生到60歲這段期間，體內的ATP需求會增加高達1,000倍，但問題是ATP（與其說是電池，更像是電容器）耗竭的速度很快。體內儲存的ATP只能為最大強度的身體活動提供0.5-1.5秒的能量而已。人體必須不斷透過所謂的能量系統，將丟掉的P抓回來以補充ATP。而以下是三大能量系統：

· **磷酸肌酸（Creatine phosphate，簡稱 CP）**
· **糖解**
· **有氧**

以下是一張簡化的圖表，說明衝刺或一組硬派壺鈴擺盪等等的全力動態用力（all-out dynamic effort）時，特定肌肉裡發生的狀況。

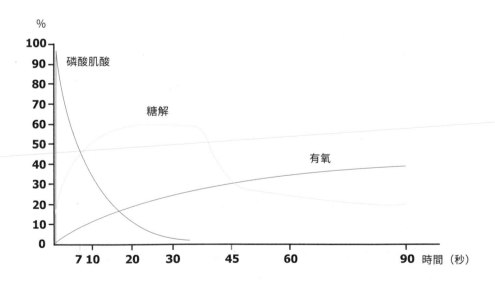

受訓練的運動員在短暫且全力的動態動作中，三大能量系統對於整體能量輸出的大概貢獻狀況。

- 磷酸肌酸和有氧系統都很有效率，而且運作完後不會產生廢物。但糖解系統運作時，肌肉會快速累積乳酸，並造成許多短期和長期的問題。

- 磷酸肌酸系統的強度大約是糖解系統的1.5-2倍，也是有氧系統的3-4倍。貓科動物在狩獵晚餐的時候，靠的就是磷酸肌酸系統。

- 磷酸肌酸系統達到最大強度的時間大概是0.5-0.7秒，糖解系統需要大約20秒，而有氧系統則需要1-4分鐘。磷酸肌酸系統可以讓我們快速發揮出力量。

- 雖然在全速衝刺中，磷酸肌酸的「燃料庫」大概要30秒才會耗盡，但磷酸肌酸系統維持最大功率的時間大概只有5秒，而要維持接近最大功率的時間頂多也只有8-10秒，接著就會快速下降。換句話說，就算是最厲害的短跑選手，也會在100公尺衝刺的最後階段慢下來。

為了讓你更搞清楚狀況，我來作個比喻。請想像在一個歐威爾式的國家，設計出了一款油永遠用不完的車子。只要油箱超過半滿，你就可以全力加速，但只要低於半滿，車子的內建程式就會開始截斷油線。這時候不管你再怎樣踩油門都沒用，因為油表指針越接近底部，車子就變得越緩慢。這時候你大概已經受不了，一定會在這個狀況發生前早早停下來加油，一切都如同老大哥早就安排好的一般。

這就是磷酸肌酸系統的運作方式。磷酸肌酸的油箱越空，關閉的節流閥就越多。這個特性對於我們的運動表現和適應具有很重大的意義。

緊急系統

大仲馬（Alexandre Dumas）在《三劍客》（*The Three Musketeers*）這本小說的書名中，忽略了一行人中的第四個成員，同時也是主角的達太安（d'Artagnan）。許多生物化學教科書探討能量系統的時候，也一樣忽略了一個很重要的地方。請問有多少讀者知道，其實我們還有第四個能量系統「肌激酶系統」（myokinase）？

三大主要能量路徑無法持續供給ATP時，身體就會出現紅色警戒，此時第四個劍客就會跳出來救援！現在讓我們開始探討第四個能量系統「肌激酶系統」，也是尼可拉·亞科夫列夫教授所謂的「緊急系統」。我們先將這個系統簡稱為MK，MK在全力動態用力開始後的10-20秒特別活躍，現在讓我們來探討這背後的機制。

肌激酶系統會從「A結構」中再分解一個磷酸，來擠出更多的能量。此時整個電容器會再丟掉一條「鏈子」，而ADP就會變成AMP。你應該也能猜到，M代表的就是「一」，指的是僅存的最後一個磷酸。

MK反應會從一個ADP上拿走一個P，然後丟到另一個ADP上面，因此會形成一個AMP和一個ATP。

$$\text{MK}$$
$$2\ \text{ADP} \leftrightarrows \text{ATP} + \text{AMP}$$

現在的電容器可說是完全耗竭。就算AMP理論上還是有一個磷酸，但它已經沒有任何能量。

這個「第四位劍客」不僅可以在緊急情況時救你一命，甚至也能帶來長期的好處。科學家發現，肌激酶系統的副產品AMP其實會觸發粒線體的生長。

強度不是努力程度，
而是輸出的力

深紫樂團（Deep Purple）在錄製〈*Speed King*〉這首歌的那個年代，前蘇聯偉大科學家菲力克斯・梅爾遜（Felix Meerson）教授就已經發現，ATP分解後的產物會引發粒線體蛋白的合成。不幸的是，他的發現並未受到重視，直到大約半個世紀後，才有人再度發現這個現象。

今天的我們知道，AMPK（即AMP activated protein kinase／單磷酸腺苷活化蛋白質激酶）是造成粒線體生物合成一系列反應的總開關。顧名思義，AMPK是一個細胞內部的能量感測器，可以偵測AMP的濃度。

若要取得最多的AMP並喚醒AMPK，就必須讓ATP的使用速率逼近極限，這時候運動的強度很高、節奏很快，能量系統會跟不上ATP消耗的速率。

火力全開的運動持續大約5秒後，磷酸肌酸系統的輸出差不多會停止，此時ATP赤字會開始累積。當然，如果要得到最多的AMP，就必須讓運動時間持續超過5秒。

但也不能持續太久，因為強度會下降……隨之而來的就是嚴重的後果。

「強度」是很客觀的概念，一點都不戲劇性，絕對不是「不做到力竭就去死」

或「斯巴達精神」這一類明明是鎖定青少年族群卻常常出現在40歲大叔T恤上的鬼話。

強度不是你做了多少努力，而是輸出，是你所選擇動作的功率輸出，通常用瓦特或速度來測量。這些外部的指標，可以顯示出體內ATP使用的速率。

訓練時當然必須非常努力，但這樣還不夠。就算你在一組訓練的最後階段還能維持超人般的「神經力量」，神經系統傳遞給肌肉的指令還是會被乳酸干擾。此外，乳酸也會干擾ATP的分解過程（影響ATP酶[ATPase]的功能），結果就是ATP燃燒的速度不夠快，不足以產生很多AMP。

值得注意的是，只要ATP使用的強度下降，讓糖解和有氧系統能夠補充，ATP赤字很快就會消失。前蘇聯的科學家發現，中階至菁英程度的短跑選手與跑者的ATP平衡，會在磷酸肌酸系統主導時受到干擾，而這個狀況會發生在400公尺的距離之內，再長就沒有了。也就是說，一旦磷酸肌酸系統退居幕後，你根本就在做白工。

「爸比，那個跑者肩膀上的紅色緞帶是什麼？」

「乖女兒，那不是緞帶，那是他的舌頭。」

從運動員的觀點來看，跑800公尺後的氣喘吁吁，絕對比衝刺200公尺更接近所謂的緊急狀態。不過，肌肉卻有不一樣的邏輯，而我確定貓科動物都會同意：經過大約15秒的奮鬥後好不容易獵到晚餐，此時正是享受緊急系統好處的時候。一個好的獵人，怎麼會去在乎2分鐘後會發生什麼事呢？

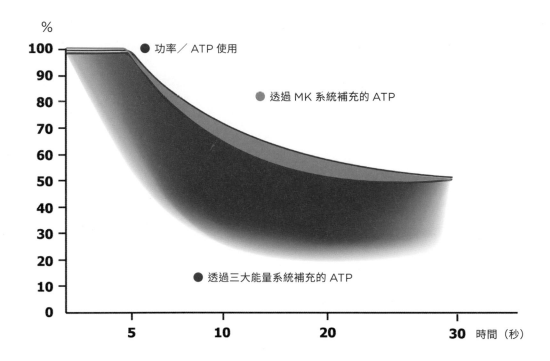

在短暫全力的動態動作中，ATP供需的概略時間分布

簡單來說，要製造出AMP就必須快速燃燒ATP，讓身體的能量系統來不及補充ATP。研究顯示，在全力的動態動作中，多數的AMP會在5-30秒這段時間製造出來，大約就介於磷酸肌酸系統的輸出（也就是整體功率輸出）開始下降，以及磷酸肌酸系統完全耗竭之間。這段區間，看來相當適合進行高強度的運動，來強化我們的粒線體。

目前為止都非常美好。

就是有人搞不清楚狀況

實驗室裡的數據告訴我們，全速衝刺30秒會讓AMP和ATP的比例提高21倍，而衝刺結束後也發現AMPK會顯著增加（代表粒線體即將成長）。

教練都知道30秒的全力運動，會帶來怎樣的效果。我在剛開始培訓壺鈴指導員的時候，自認為最成功的訓練模式就是用一顆32公斤的壺鈴連續做大約20下抓舉，或用兩顆32公斤的壺鈴連續做大約20下的上挺。現在我很確定的是，這些30秒訓練的好處，多半在前10-20秒就能得到。當然偶爾還是有把訓練延伸到30-45秒的理由，但這就超出本書極簡主義訓練計畫的範疇。

如果緊急狀況一直持續下去，MK反應運作太久，就會出現另外一個反應，稱為脫胺作用（deamination）。脫胺作用會讓一些AMP分子裡的「A結構」脫離，讓磷酸沒有地方可以附著。

這可是個壞消息。

首先，基因內作為發送增加粒線體數量的訊號，也就是AMP濃度，會因此下降。還記得嗎？我們希望代謝狀況能盡量達到較高的AMP與ATP比例，但現在我們卻把好不容易取得的AMP給丟掉。

第二，這個反應的副產品是氨，而氨對細胞有毒。前SFG教官傑夫‧諾伊佩特甚至認為，氨帶來的毒性也可能是導致高強度間歇訓練減脂效果變慢的原因。

第三，重建「A結構」相當費工費時，過程中你會覺得筋疲力盡，只能無助等待。有些魚類可以在躲避掠食者的時候，將肌肉中的ATP耗盡，同時將「A結構」分解，但牠們之後就必須躲在岩石下好幾個小時，慢慢等待ATP恢復。幸運的是，人類不會那麼慘，而且也不可能把ATP耗盡到讓身體無法動彈的地步。但話說回來，人類還是能夠在高強度間歇訓練時大量消耗ATP，讓自己在隔天感到生不如死。受慢性疲勞之苦的患者，體內的ATP含量都比一般人少，而如果你很想體會慢性疲勞的感覺，代謝型訓練是你最好的選擇。

而我們現在知道……高濃度的乳酸是脫胺作用的主要原因。

其實也不意外，畢竟脫胺作用的目標之一就是身體急著想要降低乳酸的濃度。

用全力執行運動時，就算在維持最大爆發力的情況下，肌肉中的乳酸在運動開始的5秒內，幾乎不會比休息時的濃度還高，而在5-10秒之間，乳酸的濃度會加倍，在10-20秒之間再加倍、20-30秒之間再加倍、30-60秒之間再加倍。

我們的身體足以應付20秒內製造出來的乳酸，但難以負荷下一次的加倍。只要一次30秒的衝刺，就足以讓體內氨的濃度提升5倍。為什麼要無緣無故損耗自己的身體？

相對於有訓練經驗的運動員，沒有訓練經驗的人更容易脫胺，所以讓新手做高強度間歇訓練是很不負責任的行為。此外，過度訓練也會讓人對脫胺的耐受度降低，所以一次又一次的高強度間歇訓練只會讓情況越來越糟。

亞科夫列夫教授曾經用很鄙視的態度批評：過度訓練時「肌肉內部產生的化學反應很噁心」。他也補充道，過度訓練會干擾有氧代謝並降低代謝效率，因此會導致體重大幅下降。難道這就是大眾如此喜愛代謝型訓練的原因？

符合時機的甜蜜點

以下是執行絕對爆發訓練的代謝狀態概況。圖表中的時間只是估計值，畢竟個體差異很大，而且訓練負荷和動作也有各種可能。

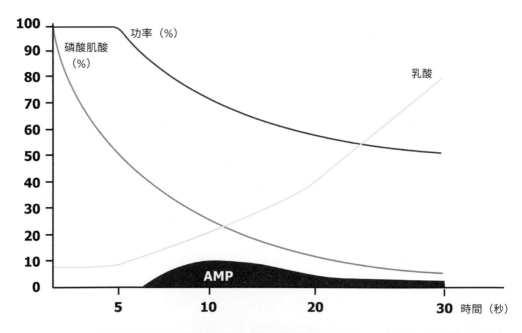

執行短暫且全力的動態動作時，快縮肌纖維中會有粒線體生物合成的狀態。本圖表概略說明各項與粒線體生物合成相關代謝反應的時間，包括爆發力（也就是 ATP 轉換率）、磷酸肌酸濃度、乳酸濃度，以及 AMP 濃度。

低於 5 秒
維持最大功率，此時磷酸肌酸系統已經火力全開，以趕上 ATP 消耗的速度。

乳酸濃度大致維持與休息時一樣。

5-10 秒
功率稍微下降。此時磷酸肌酸系統大概消耗了一半，肌肉開始減緩剩餘磷酸肌酸的燃燒速度。

ATP 赤字開始累積，而「緊急系統」肌激酶開始運作，分解 ADP 來製造 ATP 和 AMP。

糖解系統開始露出邪惡的笑容。

10 秒
磷酸肌酸系統大概消耗了 $\frac{2}{3}$，這是一個關鍵閾值，因為接下來就沒辦法再燃燒下去了。

糖解系統的邪惡羽翼持續開展，此時它還未重新合成太多 ATP，但已經讓乳酸濃度加倍。

功率顯著下降，因為消耗的 ATP 尚未完全補充。情況越來越危及，「緊急系統」開始瘋狂運作。

10-20 秒
AMP 快速累積。

在 10-20 秒之間，乳酸濃度再次加倍，達到可接受濃度的上限。

神奇的事情就是在這時候發生，就是在功率顯著下降，同時糖解系統全面展開並開始大量產生乳酸的時候。

這時候你正在竭盡所能維持最大功率輸出，同時大重量能量路徑已經漸漸式微，但此時乳酸濃度還沒高到會把一切毀掉的程度。就在這個時候，「第四名劍客」登場，把 ADP 分解成更多的 ATP，並產生我們想要的副產品 AMP。

時機非常重要。

20 秒
磷酸肌酸系統持續耗竭，糖解系統終於火力全開。不過，糖解系統無法填補磷酸肌酸系統耗竭所帶來的空缺，因為威力弱了 1.5-2 倍。

20-30 秒
在 20-30 秒之間，乳酸濃度再次加倍。此時身體會很想把乳酸濃度降低，就會飲鴆止渴展開脫胺反應，把好不容易得到的 AMP 分解掉。

30 秒
開始走下坡了。

功率輸出已經不到剛開始的一半，ATP 也幾乎耗盡。糖解與有氧系統現在能夠趕上 ATP 的補充速度，而 ATP 供需平衡的狀況下，身體就不會繼續產生 AMP。

乳酸持續升高，在 30-60 秒之間再次加倍。有毒的氨和自由基快速累積。

研究指出，對多數運動員來說，15秒加減5秒的動作時間最為妥當，至少對下肢動作來說是如此。刺激粒線體所需的時間，就跟一隻爆發力很強的貓獵到晚餐一樣。

在同樣的時間範圍中，女性應該要稍微更接近20秒，因為女性產生的乳酸和氨通常比男性更少。而無論性別，如果從事的運動比較不需要爆發力，也是接近20秒。

使用快縮肌纖維為主的運動員應更接近10秒的方向，而最快速的運動員甚至只要把時間壓在7-8秒。

運動員的爆發力越強，肌肉中發生上述代謝狀況的時間就越短。也就是說，他們的ATP和磷酸肌酸會燒得更快、消耗更快，而且「緊急系統」也會更快啟動，並帶著更高的強度來拯救身體，同時脫胺作用也會更快產生。

德國的科學家曾經研究過年輕短跑選手和中距離跑者，測量他們在跑了各種距離後，體內氨濃度的高低。結果發現，同樣是10秒的衝刺，短跑選手體內產生的氨遠高於中距離跑者。因此，爆發力很強的運動員，體內的AMP似乎在開始運動的7-8秒後就會累積到最高，而這段時間就足以在5秒後爆發力開始變弱的時候，讓「緊急系統」有2-3秒的時間運作。

最理想的魔法次數

訓練時以反覆次數取代時間作為基準，就可以省去個別運動員需要調整重量的
麻煩，也不需要煩惱當下訓練的是哪一個肌群。順帶一提，上肢肌群快縮肌纖
維的比例通常比下肢肌群更高。運動員的爆發力越強，就能越快完成特定反覆
次數；而越快完成特定反覆次數的運動員，代表爆發力越強。

經過實驗，我們找出了最適合多數人的「魔法次數」。

這個次數是10。

快速做10下除了可以提升粒線體的數量，也能透過類似前蘇聯經典抗糖解訓練
的機制，來提升粒線體的運作能力。這點之後有機會我會再解釋。

快速做10下還能帶來肌肥大這個額外的好處。雖然肌原纖維和粒線體生長的機
制互相衝突，但快速做10下卻能讓兩者都成長。

肌肉生長機制這個主題太大也太引人入勝，很難在這裡說得清楚，需要一整本
書來解釋。針對本書的範疇，我們需要了解的是，雖然肌肉生長的確切機制仍
然不明，但至少確定都有以下3個條件的組合：

SFG 教官兼 Strong Endurance 研討會講師法比歐・左寧

✓ 使用 ATP 和消耗磷酸肌酸要迅速

✓ 消耗的磷酸肌酸總量要大

✓ 一點酸中毒

所謂的迅速是指耗盡的速率要很快速；而所謂的總量要大是指接近「耗竭」的程度。

分析任何肌原纖維型肌肥大的訓練方式，我們會發現上述三個條件可能會有先後或偏重，但三個條件都會有。

舉例來說，大重量或刻苦訓練的狀況是這樣：

1下或2下的大重量反覆次數，雖然對肌力提升有非常好的效果，但這樣的進步並不穩定，而且不會伴隨肌肉生長。

至於大重量的10下反覆次數則會帶來很好的肌肥大效果，但這種方法練出來的肌肉其實並沒有看起來那麼強壯。此外，大重量練到10下也會讓運動員非常痠痛，干擾其他形式的訓練。

大重量5下的肌肥大效果雖然不如健美式訓練的10下，但生長出來的肌肉品質比較高，就像是優質牛排和一批好便宜牛肉之間的差別。

雖然5下的肌力提升效果不如極低的1-2下反覆次數，卻可以帶來年復一年的進步，而極低反覆次數的效果則在幾週之後就會減退。

至於痠痛，5下確實也會有，但比更高反覆次數的狀況好多了。

爆發性舉重的訓練狀況也一樣，只是反覆次數是兩倍。每一下反覆次數都做很快的時候，就需要做更多下才能達到相同的代謝條件。舉例來說，若要讓快縮肌纖維生長，最好的方法大概就是20下快速反覆：前10下的磷酸肌酸消耗速率很快，而快做完的時候，磷酸肌酸幾乎消耗殆盡，而且有酸中毒的狀況。

但這麼做是有代價要償還的。西岸槓鈴（Westside Barbell）的創辦人路易·西門斯（Louie Simmons），他早期就使用硬派壺鈴訓練來輔助健力訓練，他發現快速做20下會讓他太痠痛太疲勞，所以他後來就改成快速做10下。要聽路易的話。

魔法次數要做幾組？

若要讓快速10下發揮最佳的功效，就必須有足夠的組間休息。

布萊特・瓊斯（Brett Jones）是StrongFirst的教育總監，他觀察到壺鈴訓練者的休息時間普遍都太短。他們可能不知道，體內的磷酸肌酸和pH值都必須經過一段時間才能恢復。磷酸肌酸恢復的目的，是要為緊接而來的高強度訓練提供能量；而pH值恢復的目的，是要避免我們剛剛討論過的那一大堆問題。

磷酸肌酸恢復的速度很快，但pH值卻要很久。光是100公尺衝刺所產生的乳酸，身體就需要大概30分鐘才能完全清除！換句話說，在運動中要完全恢復顯然不可能，因此必須找到合理的替代方案。尼古拉・沃科夫（Nikolay Volkov）教授為了其他緣故在研究15秒左右的短跑問題時，替我們找到了答案：合理的恢復時間替代方案就是2.5-3分鐘。

因此我們的課表就變得非常直截了當：每組做10下，組間休息3分鐘。

不管你對自己的體能再有信心，都不能減少組間休息！我即將要介紹一位超級運動員，如果連他都需要花上整整3分鐘來恢復，你當然也要。

美國特種部隊的成員「維特」（Victor）是一名超級運動員。他看起來一點都不像年過40歲的人，而且早在十年前就過了一般特戰隊員的黃金年齡。更厲害的是，他所服役的單位很硬，就算不曾被槍打到，長期的嚴酷任務也足以讓人疲乏不堪。但是維特不僅有辦法保持身體健康，在單手引體向上和100英里（約160公里）的超級跑步競賽中，都比年輕人還要強。他曾經寫過以下這段話給我：

「我在過去15年來靠著直覺採用的許多訓練方法，都被你的Strong Endurance研究給證實了，而且你也提供了一個很棒的訓練架構，讓我能夠繼續維持健康進步……

「2009年的時候，我在訓練中加入12-15秒的階梯衝刺，組間休息安排3分鐘，而且我通常會在階梯的最上面做10下爆發伏地挺身，這個訓練內容和你在Strong Endurance中描述的架構非常類似。即使在當時，我的直覺都告訴我這些短時間高強度的間歇訓練，對身體造成的負擔比400-800公尺的傳統間歇更少。我到今天都持續使用這種訓練模式。」

這裡我要打岔一下來誇獎維特，因為他竟然光靠著直覺和聰明，就設計出這樣的訓練參數。畢竟我可是花了4年狂啃生物化學教科書才拿到這個結論的！

「這種訓練方法還有一個很棒的地方，就是我從來都沒有因為訓練受過嚴重的傷，也不會像很多特種部隊的同袍，因為訓練而疲累不堪。特種部隊中很多同袍的體能都很強，但他們的皮質醇（編注：cortisol，一種由腎上腺分泌的荷

爾蒙，在應付壓力中扮演重要角色，又稱爲壓力荷爾蒙）濃度很高、睪固酮濃度很低，而且很多人的睡眠都有問題。許多人服役時都逃不掉這些睡眠和情緒的壓力源，長久下來很容易有嚴重的健康問題。

「我希望特種部隊能有更多與我訓練方法類似的教育和訓練。我很多同袍的表現都很棒，但他們的訓練卻會犧牲掉長期健康，這樣實在不太有遠見。如果能在訓練中避開乳酸，就能讓他們在不需要犧牲長期健康與身體功能的情況下維持該有的表現。」

3分鐘剛好是效果與效率的最佳交集。磷酸肌酸在3分鐘之內會快速補充，超過3分鐘就只會慢慢恢復。

那要做幾組的10下呢？

10組。

10組10下這個數字，絕對不是只有好看而已。沃科夫教授的研究也指出，在每一組都是接近15秒最大努力的情況下，如果我們要避免爆發力下降、最少的糖解作用，並使用3分鐘的組間休息，最多就只能做10組。如果超過10組，訓練就會模糊焦點，因為磷酸肌酸的存量會逐漸變少，同時身體的pH值會持續下降。請不要幹傻事。

10組剛好足以促進肌原纖維生長，但也不會多到阻礙粒線體的提升。

在前蘇聯的舉重訓練理論中，每期訓練中每種動作最多只會做到100下反覆次數，而且在特別注重肌肥大的訓練時，更是如此。阿爾卡迪・沃羅比約夫（Arkady Vorobyev）教授說：

「不同型態的肌肉在承受負荷的時候，肌肉組織結構的功能（一種合成代謝反應），以及在能量和肌肉運作（耐力訓練）中消耗和合成能量的結構，都可能得到強化……無需贅言的是，哪些結構會得到強化取決於活動的種類。肌肉運作會同時消耗能量與代謝資源，但活動種類則會決定消耗的方向，以及生物體後續會如何執行修復。」

就是因為這個原因，舉重選手的訓練量若達到理想訓練量的2-3倍，也不會得到太多的肌力成長。沃羅比約夫教授認為，這些訓練量較大的選手「比起訓練量較低的選手，耐力確實比較好，但力量卻比較差，因為他們訓練時主要刺激的是能量消耗的過程，而非蛋白質的合成。」

10組10下就對了。

沒錯，看起來確實很像《帕維爾正宗俄式壺鈴訓練手冊》的單純又凶狠計畫，但這裡不可妥協的是組間休息時間：無論如何組間休息都要有3分鐘，就算你覺得自己完全恢復也一樣。執行這種訓練法的時候，你的感覺完全不重要。

美妙的旋律藏在休息中

10組10下的效果非常好，但我們還可以做得更好。

如果能維持同樣的組數、次數和訓練時間（30分鐘內做完10組10下），但用特殊的方法交替訓練組，會發生很不得了的事。

約翰·拉斯金（John Ruskin）是英國維多利亞時期的藝術家、作家和藝術評論家。他曾經說過：「『休息』的時候雖然沒有音樂，卻是製作音樂的關鍵時間，而人們都錯過休息時才能體驗到的美妙人生旋律……大家都在強調毅力、勇氣、堅定等等特質，但其實耐心才是最細膩、最值得也最稀有的特質……因為耐心是所有樂趣的根源，也是所有力量的根源。」

接下來有更多生物化學的內容，享受痛苦吧。

之前為了不讓各位讀者難受，我曾經放上一張簡化的圖片，說明打開AMPK開關與觸發粒線體生長機制的所需條件：累積很多AMP。

科學家們大致會同意那張圖片，但有些科學家認為事情的全貌不只如此，他們認為游離肌酸（free creatine，磷酸肌酸分解後的產物）的累積可能更重要。

此外，提升AMPK活動的關鍵可能不是體內燃料消耗了多少，而是消耗的速率；但消耗速率和消耗總量很可能都有影響，這裡就產生了矛盾。

我們體內都有各種內建機制，防止我們把自己弄死。你也許還記得，分解「火箭燃料」磷酸肌酸的酵素，即肌酸激酶（creatine kinase），就有這種機制。磷酸肌酸消耗得越多，關上的閥門就越多。

「我全都要，而且現在就要。」

既然第一個小目標是時間長度取向，而第二個小目標是強度取向，就難免需要妥協。這時候我們就要回到大約15秒的訓練時間，此時燃料消耗的速率和總量都不到最大，但也都夠大。

如果我們繼續嚴守剛剛提出的10組10下**反覆次數法**，我們的課表就都跟之前一樣。但是，如果我們運用**間歇系列訓練法**（菁英運動員訓練的強力武器），課表就會不一樣。

里歐尼德・馬特維夫（Leonid Matveev）教授將運動時的組間休息分類為**壓力**、**一般**，以及**刺激**。

「刺激」指的是「潤滑軌道」（greasing the groove），這不在本書的討論範圍。

「壓力」指的是足以漸進累積疲勞的短休息,其實就是你知道的間歇訓練。

「一般」則介於「刺激」和「壓力」之間,可以多多少少達到完全恢復,但也不會真的休息太久。其實這就是絕對爆發訓練的10組10下訓練計畫使用的反覆次數法。

而間歇系列訓練法,就包含了壓力與一般的組間休息,特色是有許多訓練系列,或把一些特性相同的訓練組分門別類。在每一個系列中,做完一個訓練組後,休息時間都會稍微壓縮,目的是在該系列快結束時讓燃料近乎耗竭,最後在兩個系列之間安排較長的休息時間。

為什麼要這麼麻煩?

因為需要恢復的地方不是只有一個。體內許多功能都需要恢復,而且每種功能的恢復都有自己的節奏。還記得嗎?磷酸肌酸的恢復速度很快,但pH值很慢。

間歇系列訓練法可以讓教練依照代謝需求來客製化訓練課表,這點是一般間歇訓練或反覆訓練法做不到的。我們可以刻意達到某種疲勞,同時限制其他種疲勞,就像聲音工程師在操作混音盤的時候,可以調高和降低特定聲音的頻率。

我想要讓細胞燃料快速**且**大量消耗,而我懷疑間歇系列訓練法就是解答。

進一步研究

這個方法沒有讓我們失望，因為可以訓練到教練所謂的反覆衝刺能力，也就是RSA（repeat sprint ability）。

RSA指的是執行多次短時間衝刺（通常少於10秒），而且每次衝刺完的休息時間都很少（少於60秒），並且將衝刺表現的下滑狀況減到最小。從代謝的角度來看，RSA和一般大眾最喜歡的400公尺衝刺或Tabata這種高強度間歇訓練都不一樣。

RSA研究非常有助於在訓練快縮肌纖維的粒線體時，決定使用怎樣的強度負荷去產生理想的代謝狀況，特別是由俄羅斯的尼古拉·沃科夫教授、澳洲的保羅·道森（Paul Dawson）教授，以及瑞典的保羅·巴爾森姆（Paul Balsom）教授所做的研究。RSA研究員的目標並非找到能夠觸發粒線體生成的訓練負荷，而是要找到能讓運動員一直維持接近最大衝刺力量的關鍵。很幸運的是，他們的目標和我的目標非常接近。

RSA研究員一直得到類似的結果，就是每個系列的總衝刺時間要在30秒，這樣可以維持穩定的高運動表現（做完總共30秒，也就是5次6秒的全速衝刺後，最高爆發力只下降了8-10%）。但是如果超過30秒這個閾值，速度和爆發力就會急速下降，乳酸也會快速累積。

爆發力下降8-10%，比起超過30秒後會出現的下降40-50%，實在是微不足道。而且運動強度（爆發力）和磷酸肌酸消耗速率之間呈現線性關係，這代表我們能夠在每次系列中的30秒內，完整訓練到磷酸肌酸系統，不只有在單次30秒衝刺的前10秒而已。

不過，單次30秒衝刺也有優點，就是能讓磷酸肌酸幾乎完全耗竭，而一個系列中總時間30秒的衝刺，也能讓磷酸肌酸消耗將近⅓。

而且，也能讓ATP消耗⅓，相當了不起。

這個現象其實真的很了不起，畢竟你的身體非常保護ATP，不管你再努力，還是很難消耗超過20-40%的ATP。

到目前為止，我們盡可能用了最快速度消耗了ATP和磷酸肌酸，也讓ATP幾乎消耗殆盡，而且大幅消耗磷酸肌酸，可以宣告任務完成了。

我很確信上述的方法與數據，能夠達到快縮肌纖維的粒線體生成後，我又遇見另一個驚喜。我無意間看到了一份由伊朗、美國和愛沙尼亞研究員的共同研究，聽起來很像湯姆・克蘭西（Tom Clancy）的小說內容對吧？這個研究直

接在伊朗菁英角力選手身上，使用上述研究提到的方法與數字：

- 35公尺衝刺（大約5秒）
- 每個系列6次衝刺
- 每次衝刺之間休息10秒
- 每個系列之間休息3分鐘
- 每次訓練包含3-6個系列
- 1週訓練2次

這些菁英運動員只花了4週的時間，在許多方面都取得很大的進步。在特定速度的情況下，他們體能耗竭的時間比原本多撐了快要⅓，他們在飛輪車上測出的30秒最高和平均爆發力顯著進步，甚至連最大攝氧量都提升超過5%，這點對於角力選手這種體能怪物來說是非常大的進步，而且他們的訓練模式也沒那麼強調所謂的「心肺有氧」（cardio）。

這些運動員的睪固酮濃度，以及睪固酮和皮質醇之間的比例，都有顯著提升，而皮質醇濃度則有下降的趨勢。這點不僅有利於肌肉生長，更有利於健康。

我把這個訓練法套用在雙手超快速離心壺鈴擺盪，並請我的StrongFirst團隊來協助測試，結果發現，從9歲小女孩到資深格鬥選手都得到很棒的結果。

最後驗證

我一直在分析代謝狀況，並用各種不同組數長度來實驗。

選擇衝刺作為訓練動作的時候，時間就必須限制在6秒以內，也就是加速階段。一旦運動員達到最高速度，不管當下速度有多快，其實都已經沒有爆發力了，因為沒有加速度（速度的變化）就沒有力量，因此沒有爆發力。

一般來說，短跑運動員從靜態開始加速到最高速度，大約需要6秒的時間，也就是50-60公尺左右。球賽選手大概需要30-45公尺，而非運動員所需的距離更少。因此，美式足球的40碼（約36.6公尺）衝刺屬於完全的爆發力動作，而100公尺短跑則只有一部分屬於爆發力動作而已。

6秒時間限制不適用於非移動式的動作，例如壺鈴擺盪與伏地挺身，因為這些動作每一下會重新加速。我們將壺鈴擺盪的總反覆次數設定在20下，持續時間大約30秒，來實驗各種組數和次數的組合，結果發現最有效且最容易執行的組合是5／4以及10／2，前面的數字代表反覆次數，後面的數字代表組數。

在義大利舉辦的 Strong Endurance 講座。

5／4
・每 5 下反覆次數為 1 組
・每組做完休息 30 秒
・每 4 組為 1 個系列

10／2
・每 10 下反覆次數為 1 組
・每組做完休息 60 秒
・每 2 組為 1 個系列

我們在每個系列中實驗各種組數和次數之間的休息組合，並選擇艾德華·福克斯（Edward Fox）教授與唐納德·馬修斯（Donald Matthews）教授的抗乳酸間歇訓練經典指引：1比3的運動休息比。還記得嗎？在一個系列中，我們做的是間歇而非反覆，因此恢復本來就不會完整。

我們的訓練總共有5個系列，每個系列做20下反覆次數，因此總共是100下反覆次數。我們的根據是俄羅斯訓練指引，該指引建議每次訓練要將磷酸肌酸系統的訓練量限制在2.5分鐘以內。

我們可以從RSA的研究得知，RSA衝刺每個系列之間的休息時間不能少於3分鐘，甚至4分鐘以上會更理想。

5／4訓練法的目的是提升體內燃料的消耗速率，10／2的目的則是讓燃料消耗的幅度更大，而且10／2會產生較高的乳酸，帶來肌肥大的「什麼鬼效果」。

我們找了很多受試者，兩種訓練法的結果都很棒。如同預期一般，10／2可以
讓肌肉快速生長，5／4則沒辦法。甚至也有幾位男性在執行10／2以後，快
速增重10磅（約4.5公斤），但後來改為5／4之後，體重又減了回去。厲害的
是，他們的爆發力和耐力都沒有退步。

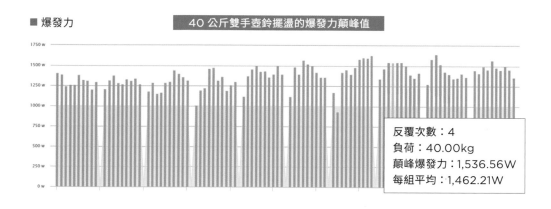

反覆次數：4
負荷：40.00kg
顛峰爆發力：1,536.56W
每組平均：1,462.21W

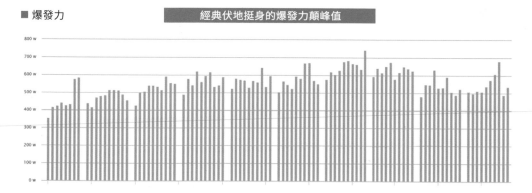

上方兩個圖表是有壺鈴訓練經驗男性以 10 ／ 2 訓練方法分別執行 40 公斤雙手壺鈴擺盪和伏地挺身各
5 回所記錄下來的爆發力顛峰數值。值得注意的是，壺鈴擺盪的顛峰數值在接近結束時並沒有下降，甚
至還微幅上升，原因推測可能是暖身做得不夠。至於伏地挺身的爆發力則有下降，但幅度尚可接受。受
試者指出，如果伏地挺身再做更多系列，爆發力一定會下降得更多。

使用這種訓練方法，可以預期的是爆發力會提升，而且比賽中的專項耐力也會
進步。不過，我們也發現一些出乎意料的「什麼鬼效果」。

馬修・福來賀提（Matthew Flaherty）是StrongFirst的壺鈴、徒手訓練和
槓鈴指導員，他曾經在科羅拉多騎了超過100英里（約160公里）的越野自行
車。後來他只在訓練中加入為期6週每週2次的033壺鈴訓練，就直接參加了
Tour de Steamboat的比賽，以下是他兩次比賽的成果比較：

絕對爆發訓練之前／之後的越野自行車賽表現			
	第1次參賽	第2次參賽	進步
距離	108英里 （約174公里）	116英里 （約187公里）	＋8英里 （約13公里）
高度	6,890英尺（2,100公尺）	7,110英尺（2,167公尺）	＋220英尺（67公尺）
平均 坡度	6-7%，時速3英里 （約4.8公里）	7%，時速7.5英里 （約12公里）	同樣坡度的速度 提升大約50%
騎乘 時間	14小時	9小時52分10秒	超過4小時

我們可以看到，第二次參賽的距離較長，坡度也比較陡，但他竟然比第一次快
了4小時！

西恩・西威爾（Sean Sewell）是一位科羅拉多的山區探險運動員，後來在StrongFirst壺鈴指導員艾瑞克・弗羅哈特（Eric Frohardt）的介紹下接觸了Strong Endurance訓練法。西威爾曾經寫道：

「Strong Endurance訓練手冊中有許多課表，但最吸引我的是033C和044❸這兩項。這兩種訓練法都很單純，而且容易上手。一開始我很不習慣這些課表中額外的休息時間，但我不久後就明白多休息的好處。

「一週以後，我就發現在健身房訓練的感覺很不一樣。我的安靜心率（resting heart rate）在這幾年來首次下降，而且肌力也快速進步。訓練完以後我不再感到疲勞，也覺得整個人更有活力。033C和044訓練計畫完成後，效果非常顯著。我的安靜心率從72降到56、心率變異度（heart rate variability）從60多進步到80多（有時候甚至會上到90多），而且肌力也快速進步，本來只能用20公斤的壺鈴，後來可以使用32公斤。

「不過，對於12,000英尺（約3,658公尺）以上的健走表現，這些高速度高強度的訓練不太可能會有正面的幫助，這時候就看到休息的重要性了。有一次我和朋友一起到我最愛的鄉村滑雪場走了4小時的路，到了一座高山湖泊時，我們停下來吃點心，而我在那個時候才發現Strong Endurance訓練法真正的效果。我看著那位健康和體能狀況都很棒的朋友，他和任何走了那麼遠的人一樣，早已氣喘吁吁，但是我則相對比他平靜許多。這個訓練方法真的很有效。」

---

❸ │ 絕對爆發訓練的壺鈴抓舉版本。

PART

3

爆發力訓練動作
THE POWER DRILLS

我們精選的爆發力訓練動作

許多受歡迎的極簡訓練都有三個動作，畢竟有三隻腳的板凳最穩定之類的。但如果你可以擁有一輛哈雷，為什麼還要板凳？如果要跑得快，兩輪可比三腳好用多了。

幾年前我下了一個結論，真正極簡主義訓練計畫只能有兩個動作：一個推和一個拉，或所謂的髖絞鍊動作。

在《身體的力量》（*Power to the People!*）中，提到的是硬舉，以及側身壺鈴上推。

在《俄式壺鈴挑戰》（*The Russian Kettlebell Challenge*）中，提到的是抓舉和彎身壺鈴上推。

在《壺鈴入門手冊》（*Enter the Kettlebell!*）中，提到的是壺鈴抓舉和軍事肩推。

在《壺鈴入門手冊》和《帕維爾正宗俄式壺鈴訓練手冊》中，提到的是壺鈴擺盪和土耳其站立。

在這本《帕維爾絕對爆發訓練法》中，提到的會是什麼，我們繼續看下去。

史提夫・弗來德斯（Steve Freides）是StrongFirst資深壺鈴教官，他曾經在StrongFirst的論壇上寫過一段標題為「雙動作訓練計畫」（Two-Lift Programs）的文章：

「大家都過度高估了平衡的重要。訓練計畫必須包括所有『人體自然動作』？這個概念其實很有問題。每個人確實應該盡可能做出不同方向的動作，至少偶爾要做到，但這並不代表要在每個動作模式上加入大重量。只要兩個動作，就可以組成一個完整的訓練計畫。訓練計畫不需要平衡，需要平衡的是人生。」

史提夫的訓練一直都非常簡單，而他找到平衡的方式是參加all-around lifts比賽❹。他目前在全世界和美國保有超過20項的長青組紀錄，包括「史坦博蹲舉」（Steinborn lift）和「因曼行走」（Inman mile）等等特殊項目。史坦博蹲舉就和健力的蹲舉一樣，不同的是槓鈴一開始是放在地上。訓練者要用很複雜的方式把槓鈴扛上肩，然後做一下深蹲，再畢恭畢敬用同樣的方式把槓鈴放回地上。而因曼行走就是扛起自身體重1.5倍重量的龍門架行走。

麥克‧普雷佛斯特（Mike Prevost）博士也認同這個概念：

「這個方式會很有效⋯⋯也可以加入一些印度伏地挺身、徒手深蹲、瑜伽姿勢、少許的衝刺、一些柔軟度與平衡感訓練（例如走繩）、行走、練習摔滾防護、游泳等等⋯⋯」

---

❹｜相關資訊請參考 usawa.com/about-us 以及 iawa.uk/about。

此外，特定壺鈴動作對於很多看似無關運動的遷移效果都非常好。如果從這個角度來看，極簡主義訓練計畫真的不平衡嗎？

現在來討論絕對爆發訓練兩大訓練動作的特質。

為了達到最高效率，絕對爆發訓練的動作必須**盡可能使用較多的肌群**，並且要有**極佳的遷移效果和許多的什麼鬼效果。**

我們選擇的動作必須能發揮出最大爆發力，所以必須要有很長的關節活動幅度（range of motion，簡稱ROM），這樣才有足夠的加速距離。

因此壺鈴上膊不適合絕對爆發訓練，畢竟這個動作的關節活動幅度太短，比較適合拿來訓練肌力，而非爆發力。

此外，一般純粹爆發力訓練動作的步調比較悠閒，而且每下反覆次數之間也可以放鬆，但具備「什麼鬼效果」的絕對爆發訓練動作必須採用快節奏。單位時間內要做到很多反覆次數，才能快速消耗ATP和磷酸肌酸。

要注意的是，最大爆發力和快節奏其實互相衝突，就像跑者每一步的長度和頻率一樣。

拳擊手打出快速連拳的時候，力道也不可能像一拳重拳那麼大。

快節奏爆發力訓練動作有一個不太理想的例子，叫「納粹」壺鈴抓舉，這個動作為了達到快節奏，所以關節全程都不會鎖死。

根據我們對代謝條件的理解，爆發力必須優先於節奏。也就是說，要在**不犧牲爆發力或關節活動幅度的情況下，盡可能加快動作節奏。**

這樣看來，壺鈴擺盪和壺鈴抓舉就特別適合，因為這兩個動作都能是**超快速離心動作。**

MiG-29 戰鬥機駕駛表演「普加喬夫眼鏡蛇機動」這個超高難度的特技。

梅爾·希夫（Mel Siff）博士如此解釋超快速離心的技巧：

「我們不會慢慢把重量放下來，也不會直接讓重力把重量拉下來，而是會刻意盡快把重量往下拉，然後把重量停住……接著盡快用最爆發的方式，做出向心動作。」

即使是深蹲跳和上挺這種非常棒的爆發力動作，還是會因為重力的關係，只有1G的向下重力加速度。不過，壺鈴擺盪和壺鈴抓舉卻可以克服這個問題。有經驗的StrongFIrst壺鈴教官能夠用24公斤的壺鈴做到超過10G的力量，而戰鬥機駕駛在把往下降的飛機拉起來的時候，可能短暫經歷到的力量也只有9G。

超快速離心帶來的好處很多：增強跳躍力、一觸即發的反應能力、韌性、肌力，甚至肌肥大。這些特性先前已經介紹過，只有一個沒有。

超快速離心壺鈴擺盪和壺鈴抓舉：進階的硬派壺鈴訓練者覺得只靠 1G 重力把壺鈴往下帶的速度太慢，因此非常用力做出類似游泳的手臂動作，讓壺鈴在往下的過程中加速，最高可達到 10G 的力量。

使用輕量到中量的重量來做超快速離心壺鈴擺盪和壺鈴抓舉，能夠非常有效引發代謝反應，刺激快縮肌纖維的粒線體生成。這兩個動作既能以最大爆發力執行，也能以非常快的節奏執行，這是非常獨特卻又衝突的組合，就像你在打快速連拳的同時，每一拳都有擊倒對手的力量。

我們所選擇的爆發力訓練動作，必須能**持續對同樣的肌群施加負荷。**

舉例來說，做壺鈴擺盪的時候，後側鏈就一直在用力。也許動作在底部的時候腿後側肌群啟動較多，而動作在最高點的時候臀肌啟動較多，但兩個肌群全程都沒有什麼休息機會。

相比之下，做壺鈴抓舉的時候，壺鈴「往上飛到一半」以後，主要就是上背部和肱三頭肌在用力，這時候下肢就得到休息的機會。

不過，壺鈴抓舉的優點還是能完全蓋過這個缺點，因為做壺鈴抓舉的時候會產生很強的爆發力輸出，動作距離也非常長，是壺鈴擺盪的兩倍，而且下肢和上肢得到的休息時間其實非常短。

但壺鈴挺舉就不是這樣。雖然壺鈴挺舉幾乎能使用到全身的肌群，但整個動作的步驟比較多，所以訓練者其實不會太累。壺鈴挺舉的動作過程包括下沉、啟動、第二次下沉、打直、下沉、接住壺鈴。由於壺鈴挺舉的動作有較多的階段，因此細胞中燃料消耗的速度會變慢。在某些訓練模式中（例如前蘇聯的經典抗糖解訓練法），壺鈴挺舉是非常棒的動作；但如果你的目的是盡快消耗能量，壺鈴挺舉的效果就沒有那麼好。

相比之下，單手「維京」借力推（VPP）就確實達到我們的需求，只是我們沒有把這個動作放進絕對爆發訓練，因為許多女生不太適合做這個動作。VPP之所以是最棒的壺鈴推系列動作，就是因為能維持很快的節奏。

不過，雙手VPP就不太適合絕對爆發訓練，畢竟適合股四頭肌的壺鈴重量對肱三頭肌來說太輕鬆了。

操作 VPP 的時候，先做一次一般的借力推，然後把壺鈴放到胸部的高度，同時屈膝來吸收衝擊，接著立刻把壺鈴用力往上推，每一下中間都不休息。

至於經典的借力推，額外的膝蓋下沉會讓動作節奏變慢。

標準的軍事肩推也不適合，因為節奏變快的時候，壺鈴就會亂飄。

以上這些動作都很棒，不過都不適合絕對爆發訓練。

地板伏地挺身很適合當作絕對爆發訓練的推系列動作，既經典又民主。

雙槓下推也很棒，只要訓練者的肩膀能夠承受這個其實有點爭議的動作。不過，既然絕對爆發訓練希望讓所有人都「有享有爆發力的平等權利」，雙槓下推就不適合絕對爆發訓練。

我們所選擇的訓練動作必須具備**彈震成分**（ballistic component），這樣才能協助我們抵抗脆弱，並將訓練成果遷移至運動競賽、職業需求，以及各種人生挑戰。也就是說，雖然飛輪車衝刺確實會強化你的粒線體，但你得不到其他的附加好處。

不過，如果彈震動作的負荷太大，例如使用的重量超過自身體重時，也會造成骨骼的負擔。適合放進絕對爆發訓練的訓練動作，應該要能讓你**每週安全執行上百下**，因此深蹲跳就不適合，甚至對很多人來說，所有的跳躍動作都不適合，因為這樣就代表你每年要跳一萬下左右，你的膝蓋和腳可不會放過你。

雙槓下推是我會放進絕對爆發訓練的推系列動作。

總結來說，絕對爆發訓練動作必須符合以下條件：

✓ 徵召許多肌群
✓ 有廣泛的遷移效果
✓ 能帶來許多什麼鬼效果
✓ 關節活動幅度要夠長，也要能發揮出最大的爆發力
✓ 在不犧牲爆發力或減少關節活動幅度的情況下，能夠用很快的節奏執行
✓ 持續針對同樣的肌群施加負荷
✓ 具備彈震成分
✓ 每週都能安全執行上百下

勝出的是……壺鈴擺盪和爆發伏地挺身。

抓舉是一個特例，我們待會再討論。

StrongFirst 壺鈴與徒手訓練教官伊拉莉亞・史可普斯說道：「硬派壺鈴擺盪對於格鬥選手而言非常重要。打拳擊的時候，力量會從地面沿著腳往上傳，再透過臀肌扭轉髖關節，讓力量經由核心傳到上肢，使上肢得以移動攻擊對手。壺鈴擺盪能訓練臀部和核心的爆發力，而且把壺鈴往上甩的技巧，和拳擊的刺拳類似。」

伊拉莉亞還說：「本訓練計畫中的伏地挺身，必須以爆發的方式執行。這個動作的初始加速和最終的收縮張力階段，很類似出拳時受到的衝擊。」

那麼壺鈴擺盪要用雙手還是單手呢？

各有優缺點。雙手壺鈴擺盪的爆發力較高、節奏比較快；單手壺鈴擺盪則更能訓練握力、闊背肌、臀中肌，以及其他雙邊動作較難訓練到的部位。絕對爆發訓練兩者都會做。

克雷格・馬克爾（Craig Marker）博士是資深StrongFirst壺鈴教官，他的體重是185磅（約84公斤），無裝硬舉的重量高達485磅（約220公斤），他曾經執行033計畫超過3個月的時間，並只做雙手壺鈴擺盪，每組都做10下。他使用的壺鈴重量是40公斤，是能誘發最大爆發力的重量。

雖然馬克訓練時幾乎不會做抓舉，還是在「戰術肌力挑戰」（Tactical Strength Challenge，簡稱TSC）❺中，用32公斤的壺鈴在5分鐘內做了100下壺鈴抓舉，打破個人紀錄。這個成績對於針對這個挑戰訓練的人就已經非常厲害，更不用說馬克根本沒有特別為此訓練。絕對爆發訓練的有氧成分並不高，而且40公斤雙手壺鈴擺盪對於握力的刺激，遠遠不如32公斤的單手壺鈴抓舉。

馬克同時也維持硬舉的最佳紀錄，而他過去6個月來只拉過2下重量非常輕的硬舉，而且目的只是要示範技巧給學生看。

馬克在沒有訓練拉系列動作的情況下，戰術引體向上（沒有借力而且頸部碰到單槓）也能做到19下，而且同時體重還增加了22磅（約10公斤）。

---

❺ | 相關資訊請參考 usawa.com/about-us 以及 iawa.uk/about。

絕對爆發訓練計畫的雙手壺鈴擺盪，讓馬克在沒有訓練拉系列動作的情況下，戰術引體向上（沒有借力而且頸部碰到單槓）也能做到 19 下，而且同時體重還增加了 22 磅（約 10 公斤）。照片為馬克穿著 5.11 Tactical 的負重背心，示範正確的戰術引體向上動作。

馬克博士也體驗到了其他的什麼鬼效果。經過6週的絕對爆發訓練後，他的游離睪固酮濃度上升了110個單位，這點其實不太令人意外。厲害的是，他的身體似乎變得更年輕了。端粒檢測的結果發現，在執行033訓練計畫以前，他比駕照上的年齡年輕8歲，但經過6個月絕對爆發訓練，而且其他生活方式沒有改變的情況下，竟然比駕照上的年齡年輕14歲。

我們可以說，壺鈴擺盪和爆發伏地挺身，就是我們極簡訓練動作的首選，是最經典的搭配。

更極端的極簡主義者則可選擇抓舉，因為拉和推都會訓練到。

那我們為什麼不乾脆就只選擇壺鈴抓舉來代表絕對爆發訓練？有些人因為生活模式的關係，肩關節活動度和穩定性不足，不足以執行這個較為困難的動作。

但如果你仔細探索壺鈴抓舉，會發現一大堆不得了的什麼鬼效果。

如果你正在閱讀本書，表示你很久以前就知道壺鈴抓舉是很棒的動作，所以我就不再贅述，我只會強調壺鈴抓舉一些較為少見的什麼鬼效果：軍事肩推和引體向上的力量都會增加。

過去幾年來，許多StrongFirst的壺鈴教官在執行大量的大重量壺鈴抓舉後，發現軍事肩推都至少能夠維持，甚至進步，而且上背部和肩膀的肌肥大也變明顯。不過，有些受試者在執行絕對爆發訓練（044計畫）以後，軍事肩推的重量都比抓舉重很多。

SFG隊長麥克‧托瑞斯（Mike Torres）說：

「我每週執行3次044計畫，持續了很長一段時間。一開始使用的是28公斤的壺鈴，後來偶爾會用到32公斤。昨天我突然靈機一動，想說試試看把壺鈴往上推，畢竟很久沒做了。以前我用自身體重一半重量36公斤的壺鈴，努力訓練了接近9個月的上推，但那時候只有一手能成功，而且感覺還有點僥倖。從那次以後，我壺鈴上推的強度和訓練量就一直沒有拉上來過。

「不知道為什麼，我昨天覺得那顆36公斤的壺鈴看起來很小顆，所以我就把它抓出來，然後也不知道為什麼，我覺得一定推得上去。結果右手超輕鬆就推上去（速度完全沒有變慢），以前從來沒有發生過。後來換成左手的時候，也一樣很輕鬆推上去。我覺得壺鈴根本就在取笑我，笑我前半年花了那麼多時間練上推。

「抓舉帶來的什麼鬼效果實在厲害也很令人振奮，因為我根本想不到044計畫會有這些效果。我不只上半身（斜方肌和肱三頭肌）的肌肉變大了，雙手握力也更強了。」

蕭恩・瑞德（Shawn Reed）執行了只有壺鈴抓舉的O44計畫6週：

	前測	6週後的後測
30秒抓舉次數，32公斤	左手15下，右手15下	左手18下，右手18下
軍事肩推，48公斤，RM	左手0下，右手1下	左手2下，右手3下
負重引體向上，1RM	32公斤	48公斤
體重	233磅（約106公斤）	239磅（約109公斤）

我們可以看到，蕭恩每週都確實有增重，且壺鈴抓舉表現提升，這些都在預期之中。但他的引體向上和軍事肩推都進步了，這些就是純粹的什麼鬼效果。

蕭恩的怪獸壺鈴上推顯著進步，而他不僅沒有特別訓練上推，也都沒碰過那麼重的壺鈴。他只用32公斤的壺鈴練抓舉，這也只有軍事肩推1RM的⅔而已。

對於會做軍事肩推的資深壺鈴訓練者來說，這些效果其實相當常見。想想看，壺鈴抓舉其實就是擺盪以後加一個快速上推。

你一定也注意到了，蕭恩的引體向上從負重32公斤進步到負重48公斤，這是這幾年下來我們一直在壺鈴抓舉訓練後看到的什麼鬼效果。德瑞克・托施納（Derek Toshner）是資深StrongFirst壺鈴教官，在「戰術肌力挑戰」的表現一直鶴立雞群。他曾經寫道：

「我認為大量的壺鈴抓舉訓練是我們能在『戰術肌力挑戰』有傑出表現的主因。大量訓練引體向上反而會退步，所以我們不這麼做。我和我的學員們發現，在『戰術肌力挑戰』之前不要做引體向上，而是做大量的壺鈴抓舉，反而會讓引體向上進步。壺鈴抓舉似乎也能減脂，而熱愛攀岩的我，認為讓引體向上進步的最好辦法之一就是減重。」

但蕭恩的體重不減反增，所以看來其他地方也進步了。不過不管是哪裡進步，我們都樂於接受。

接下來，讓我們來看看壺鈴擺盪加伏地挺身或壺鈴抓舉的表現標準，以及檢測的方法。

資深 StrongFirst 壺鈴教官德瑞克·托施納說：「開始執行 044 壺鈴抓舉計畫後，你會發現就算幾個月沒有攀岩，表現也會增加很多。應該是……啊我知道了！握力進步了很多，合理吧？」

凶狠如豹的壺鈴擺盪

本書不是為初學者所寫，我希望讀者都已經通曉壺鈴擺盪和爆發伏地挺身的動作。以下的指示並非教你動作執行的方法，而是提醒你StrongFirst的技術標準為何。

單手壺鈴擺盪技巧

任務｜擺盪一顆壺鈴

情境｜將壺鈴擺盪至雙腿中間，再往前甩到胸口前方，總共做 10 下。

標準｜

1. 保持背部中立。擺盪到底部的時候，頸部稍微伸展或保持中立。
2. 雙腳的腳跟、腳趾、腳球（蹠骨球）穩穩踩在地上，並讓膝蓋對齊腳尖。
3. 拿壺鈴那隻手的肩膀收好。
4. 往下擺盪的時候，要讓壺鈴握把超過膝蓋。
5. 擺盪到底部的時候，將手臂打直。
6. 往上擺盪時，膝蓋不能往前推（也就是不能增加腳踝的背屈）。
7. 擺盪到最高點時，身體會呈一直線，臀部和膝蓋完全延伸，脊椎保持中立。
8. 擺盪到最高點時，壺鈴和打直的手臂呈一直線。可接受手肘微彎。
9. 要做好呼吸（往下擺盪的時候吸氣，往上擺盪的時候用力吐氣）。
10. 擺盪到最高點時，要讓腹部和臀部明顯收縮。
11. 擺盪到最高點時，壺鈴會飄浮一小段時間。

把上述一些字的單數改成複數，就變成雙手壺鈴擺盪的標準了。

要找到正確的重量，可以選擇以下兩種測試。測試前記得先暖身，測試時注意每一下動作都必須符合StrongFirst的訓練標準。你也可以使用超快速離心，只要能夠適應重量就好。

選擇一　壺鈴擺盪加速計測試

如果你能取得加速計或測力板，就能用不同重量的壺鈴來測試。不要一開始就拿最大顆的壺鈴，因為最大爆發力是介於你的最重和最輕之間的甜蜜點。

用一組5下動作來測試，組間休息5分鐘，來看看哪一顆壺鈴能讓你發揮出最大爆發力。

再用同樣的重量重複測試兩次，並記錄最高的數字。

選擇二　壺鈴擺盪長衝刺測試

找到一顆能夠「衝刺」20-30秒的壺鈴。

這個方法不適合測量爆發力，因為道理就像用200公尺衝刺來估計一個人的40碼（約36.6公尺）衝刺一樣，但還是可以幫你選出適當的壺鈴重量。

到了每下動作的最高點，記得站穩，並收緊臀部。建議使用止滑粉，避免握力受到限制。

壺鈴離地就開始計時，30秒就停下來。最後一下壺鈴甩回來放到地板的時間，不算在30秒內，就把它當作短跑選手通過終點線後的完結動作就好。

動作完美、爆發力夠強的反覆次數才算數。如果動作技巧或爆發力無法做到最好，就請你的測試夥伴停止計時或停止測試。如果在30秒前就停止，就把時間記起來，和以後的測試結果比較。

如果你無法以爆發力的方式擺盪至少20下，就表示重量太重，不適合在絕對爆發訓練使用。建議休息一下，之後用較輕的壺鈴再試一次。

如果你能用夠高的爆發力，游刃有餘完成30秒，就休息一下，再用更重的壺鈴試試看。不管擺盪種類或壺鈴重量為何，長衝刺後都必須休息10分鐘。

每4-6週要把每個動作重新測試一次，時間建議選在訓練量只有40下的那天之後，我們之後會討論。暖身程序、測試時間、組間休息、穿著服裝等等因素都要記得維持一致。

請依照以下順序來測試：

1. 單手壺鈴擺盪（非慣用手）
2. 單手壺鈴擺盪（慣用手）
3. 爆發伏地挺身
4. 雙手壺鈴擺盪

測試內容很多，也會花很多時間，但這些時間都會很值得，因為你不只在測試，更是在訓練。以上的負荷都符合糖解爆發反覆法（glycolytic power repeats），這種糖解訓練可以讓身體產生的乳酸發揮最大的益處，並把負面影響降到最低。以後我們會進一步討論這種訓練法。

爆發伏地挺身和雙手壺鈴擺盪可以在不同天測試，建議放在單手壺鈴擺盪測試後的一或兩天。

爆發伏地挺身

請先看看StrongFirst的標準伏地挺身。

伏地挺身技巧

任務 │ 伏地挺身

情境 │ 從伏地挺身棒式起始位置開始,手掌或拳頭撐地都可以。
彎曲手肘讓整個身體往下沉再往上推,總共做 10 下。

標準 │

1. 脊椎維持中立。
2. 整個身體呈一條直線,腰部不能太高或太低。臀部和肩膀要同步下降和上升。
3. 腹部和臀肌都要收緊。
4. 雙腳不能比肩膀寬。
5. 肩膀要向後收緊,不能聳肩。
6. 每一下動作到底部的時候,肩胛要往下收緊。
7. 手肘往外打開不能超過45度。
8. 至少要下降到手肘尖端與肩膀一樣的高度。❻
9. 胸口可以輕輕觸地,但不要用力反彈。
10. 肚子與膝蓋都不能碰到地板。
11. 往上推到最高點時,手肘要完全打直。
12. 每一下動作到最高點時,都要發出聽得見的爆發呼吸聲。

---

❻ │ 如果你的手臂很長、胸廓很小,迫使你必須犧牲肩膀位置才能達到這個活動幅度,那就在維持肩膀正確排列的前提下,盡可能讓身體下降就好。

做伏地挺身的時候，手掌或拳頭撐地都可以。

手掌撐地時，力量和爆發力會比較強，因為手掌根部接觸地面所承受的壓力，會讓肱三頭肌更容易施力，因此更能夠啟動闊背肌。至於這種傳統伏地挺身的缺點，就是對某些人來說手腕的壓力會比較大。

至於拳頭伏地挺身，這不僅對手腕的壓力比較小，同時也能強化周遭的肌肉。

你當然可以使用伏地挺身專用握把，但相信你的尊嚴不會允許。

除了不戴拳套的格鬥選手，所有人都必須在無名指和小指施加負荷，這樣可以連結到雙手前臂比較強壯的骨骼，這樣更能啟動到腋下附近的強壯肌肉，比較不會傷害到脆弱的肩膀。

如果你是不戴拳套的武術家，建議使用食指和中指的前兩個指節來做伏地挺身，因為這兩個指節比其他指節更強壯（拳擊手在街頭打架時很可能弄傷自己的手，因為他們出拳的方式就和戴拳套時相同）。不過，這樣的負荷位置有一個缺點，就是肩膀會承受比較多的力量，而非較為強壯的腋下。有經驗的空手道選手會「讓拳頭從小指開始」來減緩這個問題，盡量讓手臂與身體透過腋下來連結，而不是透過肩膀的頂部。

以上原則適用所有類型的伏地挺身，而接下來我們要集中討論爆發伏地挺身。

爆發伏地挺身的要領

第一下動作要從底部開始。俯臥在地並將手掌貼地（這是唯一能讓肚子碰到地板的時候），將身體繃緊，並快速把身體往上推，不可以偷偷用膝蓋幫忙。

測試和訓練的時候，都要練習這種靜態啟動。這背後有以下幾個原因：

首先，這會讓你的初始肌力越來越強。

第二，這會讓你的手掌位置越來越理想。你可以先到處移動並調整，直到感覺能將闊背肌收緊，並將手掌或拳頭放到理想位置，直到關節沒有感受到壓力，準備好了就往上爆發。

如果你的身體無法安全來到這個深度，就不要使用靜態啟動，用傳統從上方開始的伏地挺身，來執行絕對爆發訓練。

做伏地挺身時必須用最強的爆發力，也要盡可能加快動作節奏，但記得每一下動作都要確實。

動作節奏很快的時候，要避免甩動頸部。請專注在胸口的壓低與抬高，不要去管鼻子。記得要把頸部「收緊」。

要用爆發的方式來到動作的最高點，有兩種方法。

第一，是「跳起」，或至少嘗試跳起來，方法是在每次動作最高點時，用讓掌根或拳頭離地。

第二，是「紮根」，想像自己的手掌或拳頭要在地上留下很深的印記。

請選擇一個。

有些格鬥選手無法透過伏地挺身練出很強的攻擊力，其中一個原因，就是做伏地挺身時沒有確實在高點把手肘用力鎖死打直。不要再用「軟趴趴的手肘」打空拳了。

札季奧斯基教授曾說：

「要快速把力量發揮出來，就要使用動態用力法（dynamic effort method）……也就是以最快速度移動稍微輕一點的阻力，並做到完整的動作範圍。如果動作幅度沒有做完整（或停頓），可能就會產生失衡的問題……啟動有限的主動肌群會立刻關機，而讓動作停止的拮抗肌群會啟動。如果習慣這種用力模式，其他動作的

最後階段也會有肌群啟動不足的問題。因此,建議深蹲完成時才跳起來,並多執行投擲、打擊等動作。」

武術紮根的概念和跳起相反,但一樣能在不踩剎車的情況下,發揮出最高的爆發力。StrongFirst會讓學員在使用每一種訓練工具時都做到紮根,無論用壺鈴、徒手或槓鈴,都是一樣。

如果你想提高動作節奏,以上札季奧斯基教授那段話就特別重要。讓每一下反覆次數時間縮短實在很吸引人,但請不要這麼做。執行絕對爆發訓練時,爆發力永遠比節奏還重要。

動作的離心階段是自由落體,而如果你夠強壯,要使用彈力帶當作額外阻力的話,就能得到超快速離心的額外好處。無論有沒有使用彈力帶,降落時都要彎曲手肘來吸收動能,並毫不猶豫在下一下動作時,用力爆發釋放動能。

使用彈力帶,在爆發伏地挺身加上超快速離心的成分。

壺鈴擺盪和伏地挺身的每一下動作最高點,都要記得發出有爆發力的呼吸聲音(剎!)。這種呼吸法不僅可以讓你發揮最大爆發力,也可以在不做額外補強的情況下,練出超級堅實的腹肌。

爆發伏地挺身的測試方法

測試的時候，可以用手掌，也可以用拳頭撐地。先測試完單手壺鈴擺盪，再測試伏地挺身，記得每一下動作都要符合StrongFirst徒手訓練的標準。

第一下從地板出發，身體俯臥、雙手貼地，繃緊核心再用力往上推，記得不要偷用膝蓋。如果你的身體無法安全來到這個深度，就不要使用靜態啟動，用傳統從上方開始的伏地挺身。

如果要調整伏地挺身的阻力，可以使用彈力帶（稍後會討論），不要把手或腳墊高。

選擇一　伏地挺身加速計測試

這是最理想的選擇。

方法和壺鈴擺盪一樣,只是現在要調整的是彈力帶的張力。

要找出最適合的彈力帶的阻力,建議用每組5下、組間休息5分鐘的方式,來測試不同張力的彈力帶。找到能產生最大爆發力的彈力帶時,就用這條彈力帶多做2組5下,組間休息5分鐘,並記錄最高的數字。

選擇二　伏地挺身長衝刺測試

這個測試的目標，是找到能讓你「衝刺」20-30秒的阻力。

你的測試夥伴只能計算動作正確且爆發力足夠的次數，而且如果發生下列任一狀況，就必須在30秒前停止計時：

✓ 速度慢下來（動作所花時間比之前的次數更多）
✓ 手臂沒有完全打直鎖死
✓ 動作到底部的時候，關節活動幅度減少
✓ 身體無法維持棒式姿勢
✓ 動作到最高點時，休息1秒以上

如果做不到30秒，還是要把時間記錄下來，來跟之後的測試結果比較。

如果無法將高爆發力、快節奏、良好技巧維持20秒以上，就表示阻力太大。就先休息10分鐘，再用較小的阻力來測試。

而如果可以維持30秒以上，則一樣休息10分鐘，再用較大的阻力來測試。

用彈力帶增減
伏地挺身的阻力

你可能會很想透過把手或腳墊高，來調整伏地挺身的阻力，但StrongFirst壺鈴教官法比歐·左寧曾經做過實驗，發現這種傳統方法不太適合高爆發力與快節奏的伏地挺身。因為手腳墊高會無法獲得地面的反饋，身體就很容易垮下來或抬太高。

使用彈力帶吧。

法比歐發現，將彈力帶扣在骨盆下方的位置，降阻力的效果比扣在胸部或腋下好很多，因為這個位置有助於避免學員把骨盆抬高。

利用彈力帶減少伏地挺身的阻力。

SFG隊長喬迪・比斯利（Jody Beasley）指導利用彈力帶增加阻力的兩種方法：

「彈力帶有兩種類似的設置方法，唯一的差別是彈力帶扣在手上的位置會摩擦到手臂，可能會讓你在做伏地挺身時感到不舒服，所以你可以依照個人喜好來決定。兩種方法帶來的阻力沒什麼差別。」

方法一

將彈力帶環在腰部，讓手掌朝下，用雙手大拇指穿過彈力帶兩端，此時彈力帶會扣在虎口的位置。將彈力帶往前拉過腋下下方，並環在上背部，位置越高越好。記得要讓彈力帶扣到手掌掌根，並在做伏地挺身時，用力把手掌推進地板，也就是要主動把彈力帶往地板壓，不要讓大拇指被彈力帶拉開。

拳頭撐地時，也可以用同樣的方法來增加伏地挺身的負荷。

方法二

將彈力帶環在腰部，讓手掌朝上，將雙手伸進彈力帶兩端，用虎口與手掌掌根扣住彈力帶兩端。將彈力帶往上背部的方向拉動，一條環在上背部肩膀處，另一條平行環在較下方的位置，並往前穿過腋下。記得要讓彈力帶扣到手掌掌根，並在做伏地挺身時，用力把手掌推進地板，也就是要主動把彈力帶往地板壓，不要讓大拇指被彈力帶拉開。

加重或減輕伏地挺身的負荷以前，必須先了解一點：在地板上做伏地挺身的時候，你推起的重量大概是體重的70%。

我們之前提過，雖然最大爆發力大概會出現在最大肌力的⅓-½，但如果用1RM的70%，也能有效訓練爆發力。換句話說，如果要做不使用彈力帶的爆發伏地挺身，最少要能夠做到自身體重臥推。如果你從來不做臥推，也可以看看自己能否用20下動作標準且節奏緩慢的伏地挺身作替代。

另一方面，在你臥推的1RM超過2倍體重之前，其實也都不需要用彈力帶增加伏地挺身的負荷。因為就算肌力到了這麼高的水準，伏地挺身的重量還是有1RM的35%，還是練得到爆發力。

壺鈴抓舉，為沙皇喝采！

「沙皇」（tsar）在俄文的意思是皇帝，你知道這個字是來自拉丁文的「凱薩」（Caesar）嗎？

所以讓我們為沙皇喝采吧！壺鈴抓舉就是最適合的動作。

壺鈴抓舉技巧

任務 | 壺鈴抓舉

情境 | 做 5 下壺鈴抓舉，兩手都要做。

標準 |

1.　除了打直手臂和讓壺鈴飄浮，動作標準基本上和壺鈴擺盪都一樣。

2.　將壺鈴從前方地上拿起來，擺盪到雙腳之間，再一鼓作氣以連貫的動作將壺鈴抓舉過頭，最後手臂要打直鎖死。

3.　輕巧地抓住壺鈴，不要讓前臂敲到壺鈴，也不要震到手肘或肩膀。

4.　在動作到最高點時，手臂的位置要與頭部切齊或在頭部後方，並維持頸部中立，避免下背部過度伸展。

5.　短暫維持這個姿勢，手臂和雙腿打直，雙腳和身體都不要動。

6.　以放鬆且連貫的動作，讓壺鈴往下落到雙腿之間，並記得不要碰到胸部或肩膀，接著再做一次抓舉。

7.　動作要有足夠的爆發力，同時記得練習符合生物力學的呼吸方式（下來的時候吸氣，上去的時候用力吐氣）。

每4-6週要把每個動作重新測試一次，時間建議選在訓練量只有40下的那天之後。暖身程序、測試時間、組間休息、穿著服裝等等因素都要記得維持一致。

每一下反覆次數都必須符合StrongFirst壺鈴訓練的標準。

你也可以使用超快速離心，只要能夠適應重量就好。

選擇一　壺鈴抓舉加速計測試

如果你可以取得加速計或測力板，就可以用不同重量的壺鈴做抓舉來測試。用一組5下動作來測試，組間休息5分鐘，來看看哪一顆壺鈴能讓你發揮出最大爆發力。再用同樣的重量重複測試兩次，並記錄最高的數字。

選擇二　壺鈴抓舉長衝刺測試

找到你可以「衝刺」20-30秒的壺鈴重量。

除了StrongFirst壺鈴訓練的標準，還有兩個原則。

首先，動作過程中不能把壺鈴放下，也不能換手。

第二，把手往上打直的動作必須確實，但時間不能超過1秒鐘。
先從非慣用手開始測試，而且只有動作完美、爆發力足夠的反覆次數才算數。如果在動作頂部暫停超過1秒，就要中止測試，因為停頓之後的次數都不算，畢竟這是衝刺測試。

如果無法用選定的壺鈴衝刺20秒以上，就表示太重了。休息10分鐘，再用較輕的壺鈴重新測試。但如果你能用很高的爆發力輕鬆完成30秒，就休息10分鐘，再用較重的壺鈴重新測試。

建議使用止滑粉，避免握力受到限制。

休息10分鐘後，再測試慣用手。

做長衝刺測試前，建議使用止滑粉。

CHAPTER

4

快樂打獵！
HAPPY HUNTING!

極致精簡的循環訓練

你的絕對爆發訓練會是由壺鈴擺盪和爆發伏地挺身2種訓練組成的循環訓練。

暖身結束後，就可以開始交替進行這兩個動作。每一個系列都會有20下，不是4組5下（5／4），就是2組10下（10／2）。

如果做的是單手壺鈴擺盪，就每一組都換手：10下左手、10下右手；或是5下左手、5下右手、5下左手、5下右手。

組間休息要採取動態恢復。可以到處走走，並做「又快又鬆」的動作：甩甩四肢，好像要把水甩掉一樣。

在每一個系列中，你每30秒都會做1組5下，或每1分鐘都會做10下。每個系列之間的休息時間，就是上個系列做完的那分鐘休息完，再加1分鐘。也就是說，5／4的休息時間大概是1分20秒，而10／2的休息時間大概是1分45秒。

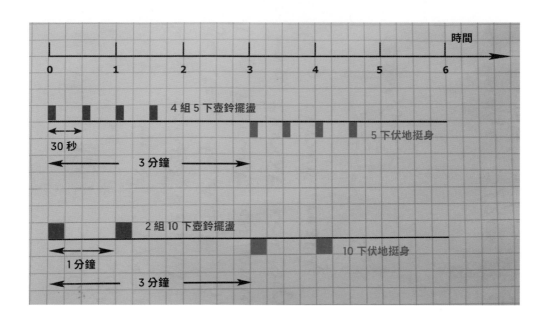

5／4的計畫執行起來會是這樣：

時間從00:00開始，用左手拉1組5下。動態休息到00:30時，再做第2組的5下，這次用右手。接下來到了01:00時再用左手做1組，01:30時再用右手做1組。

這時候你已經完成一系列的5／4，時間大概會在01:40，這時候請把這分鐘休息完，再休息整整1分鐘。時間到了03:00時，開始另一系列的伏地挺身。

請注意伏地挺身每一下都要從地板開始，和測試的時候一樣。

10／2的計畫執行起來會是這樣：

時間從00:00開始時，用左手拉10下，並在第1分鐘接下來的時間動態休息。到01:00的時候，執行第2組的10下，這次用右手。

這組做完後，時間大概會在01:15，這時候請把這分鐘休息完，再休息整整1分鐘。時間到了03:00時，開始另一系列的伏地挺身。

也就是說，兩個動作各做一個系列（20下）加上中間的休息時間，這整個循環會花上6分鐘。每次訓練會執行2-5次的循環，所以總時間會是12分鐘（2循環）、18分鐘（3循環）、24分鐘（4循環）或30分鐘（5循環），總時間平均會超過20分鐘。

以上模板運用在單手動作壺鈴抓舉就會是這樣：

左手與右手的壺鈴抓舉會視為分別的系列，而非在同一系列換手。因此在一個系列中，會用左手做20下，下一個系列則用右手。

壺鈴抓舉和先前壺鈴擺盪與伏地挺身模板唯一的不同，是兩個系列中會額外休息1分鐘。做單手壺鈴抓舉的時候，一邊的下肢如果比另一邊更用力，就表示有一邊無法完全休息。因此每一個系列（訓練加休息）的時間是4分鐘，而不是3分鐘。

壺鈴抓舉必須以最高爆發力和最快節奏進行，但手臂打直的動作也要確實。

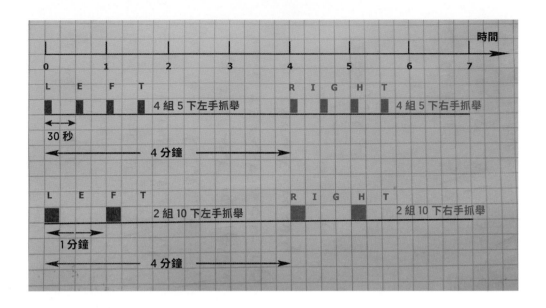

暗身完畢，先用左手做完一個系列，然後換手。一個系列總共會有20下反覆次數，組數次數的分配方式不是4組5下（5／4），就是2組10下（10／2）。

每一個系列都只能使用單手：
・系列一：左5、左5、左5、左5
・系列二：右5、右5、右5、右5

或是：
・系列一：左10、左10
・系列二：右10、右10

每組和每個系列之間要執行動態恢復，可以到處走走，並做「又快又鬆」的動作。休息時間不要加上其他動作。

在每一個系列中，你每30秒都會做1組5下，或每1分鐘都會做10下。每個系列之間的休息時間，就是下一分鐘開始前所剩下的時間再加2分鐘。

5／4的計畫執行起來會是這樣：

時間從00:00開始，用左手拉1組5下。動態休息到00:30時，再做第2組的5下，一樣使用左手。接下來到了01:00時，再用左手做1組，01:30時再做1組。

這時候你已經完成一系列的5／4，時間大概會在01:40，這時候請把這分鐘休息完，再休息整整2分鐘。時間到了04:00時，用右手開始下一系列。

10／2的計畫執行起來會是這樣：

時間從00:00開始，用左手拉10下，並在第1分鐘接下來的時間動態休息。到01:00的時候，執行第二組的10下，一樣使用左手。

這組做完後，時間大概會在01:20，這時候請把這分鐘休息完，再休息整整2分鐘。時間到了04:00時，再開始下一系列的動作，這次用右手。

以上模板的運動休息比看起來的輕鬆到不行，但記得無論如何不要壓縮休息時間！如果你覺得太輕鬆，就提升動作的爆發力。

用單手執行一系列動作（20下），加上下個系列之前的休息時間，總共需要4分鐘。每次訓練會執行2-5次這樣的循環，所以總時間是8-20分鐘。各位女士各位先生，這就是極簡主義的極致。

等到你對033訓練計畫駕輕就熟的時候，也可以將左右兩手分開的模板運用在壺鈴擺盪。我之前提過的特種部隊成員馬克，就在執行033半年後用044來訓練壺鈴擺盪：

「我才剛結束3週的登山訓練。當時的情況可能很多人都經歷過，有幾個朋友突然在週四跑來找，問我週日要不要爬山。沒有任何訓練，也沒有任何準備。

「第三天我就在山上了，也在高海拔的山上做了10英里（16公里）的越野滑雪。我當時已經8年沒在郊外滑雪了，動作技術不太好。我深深相信，我能撐下去的唯一理由，是因為4週前曾經執行過044訓練模板。我的後側鏈夠強，讓我有辦法爬上山，我的核心夠強，讓我有辦法在累到不行且必須沿著陡坡往下走的時候，還能維持核心穩定。」

有氧在哪裡？

無論如何，千萬不要壓縮休息時間！

你可能會說，你看過有些人在休息時間少很多的情況下，還是能發揮出驚人的爆發力，例如完成「凶狠計畫」（Sinister）的人，他們有辦法在5分鐘內用32或48公斤的壺鈴做10組10下。

其實這根本是兩回事。完成凶狠計畫的人在做10／10的時候，也許在外人眼中會覺得他們發揮出很強的爆發力，但本人可不會這樣認為。SFG隊長洛珊·梅爾（Roxanne Myers）在5分鐘以內做到的第100下壺鈴擺盪，也許比很多人的第1下更有爆發力，但如果跟梅爾自己的第1下比起來，第100下可就相形失色了。「單純又凶狠計畫」和絕對爆發的訓練截然不同，目的也不一樣，不能用任何一種計畫的邏輯去看待另一種。

亞科夫列夫警告道：「在同一次訓練中……改變休息時間，會讓身體在總負荷相同的情況下，產生完全不同的生物化學反應……」

執行絕對爆發訓練時，若要讓工作肌群得到理想的適應狀況，需要非常充裕的休息時間。這時候你可能會很想加入一兩個使用不同肌群的動作。

SFG 隊長洛珊‧梅爾超越了「凶狠計畫」，在 5 分鐘之內用 36 公斤的壺鈴做完 10 組 10 下的單手壺鈴擺盪。

拜託不要。

藝術界有一個詞彙叫做「留白恐懼」（horror vacui），意思是對空白的害怕。這個詞除了可以運用在室內設計與繪畫，也完全適用於課表設計。請不要用撿破爛的心態來設計課表，如果你在絕對爆發訓練裡面加上第三個動作，就會讓你悖離極簡主義，開始做一些腿推、弓箭步，或是坐在滾筒上拿著湯碗做肩關節外展⋯⋯甚至跑去做皮拉提斯。

說真的，你每次訓練時能動用的神經力量就只有那麼多而已。我們的實驗顯示，對一名經驗豐富的運動員而言，總數200下（100下拉與100下推）的爆發力動作，是他能維持良好動作品質的最大反覆次數。

你當然可以在絕對爆發訓練結束後，做其他訓練（肌力、有氧耐力等等），但速度和爆發力的訓練，這樣就夠了。

絕對爆發訓練屬於循環訓練，所以可能有人會認為它的目標之一是提升「有氧能力」、最大攝氧量、氧氣運送效率，或是心肺之類的。

這樣說也沒錯。絕對爆發訓練確實足以讓你達到政府設定的運動標準，讓你的身體達到該有的健康。因此你做完絕對爆發訓練後，發現耐力方面的表現不差，也不用感到意外。

資深StrongFirst壺鈴教官德瑞克・托施納在「戰術肌力挑戰」裡，用32公斤的壺鈴在5分鐘內做出驚人表現之後，說道：

「我持續在做你傳給我的絕對爆發訓練課表。我的有氧能力好像有點下降，但我還是撐完了137下，我覺得自己非常強壯。」

會有這個狀況，背後其實有許多機制，其中最重要的是粒線體變得更大且更強壯。根據俄羅斯科學家安德烈・安托諾夫（Andrey Antonov）的計算，一名沒有規律訓練的成年人，心臟所打出來的氧氣，應該足以讓他在長跑競賽中跟上一名進階的跑者。

「那為什麼實際上這個未訓練的成年人跟不上……或甚至在爬到三樓時就氣喘吁吁呢？因為他肌肉中的粒線體很少……如果沒有粒線體，肌肉就無法利用氧氣。他的心臟確實把很多氧氣運送到肌肉中，數量和菁英選手差不多，但其實他根本無法利用這些氧氣。」

雖然我們還不知道如何將粒線體的氧氣利用率訓練到最高，但整體概念已經很清楚了。

之前科學家都認為最大攝氧量是高水準耐力表現的瓶頸與關鍵，但現在的主流觀點則認為，肌肉利用粒線體中氧氣的能力才是真正的決定性因素，因此訓練的重點必須放在這個能力。

佛科軒斯基教授也這樣說。

當然，這並不表示氧氣輸送效率不重要。如果你希望在越野滑雪這種耐力項目獲得良好表現，你還是必須訓練氧氣輸送效率。不過，至少你可以不用去做Tabatas或其他常見的高強度間歇訓練。原因我們之後再討論，反正現在你只要做好有效的最大攝氧量訓練，足以達到運動項目的最高需求就好。

Delta 20 原則

大家對於漸進式超負荷（progressive overload）的概念都很熟悉。你會比昨天舉起更大的重量、做到更多的反覆次數，或在較短時間內完成一樣的訓練內容。而下週訓練的時候，你的訓練量、訓練強度、訓練密集程度都會比這週更多……以此類推。當然有時候會採取週期性降負荷（輕重量和中重量日、輕鬆訓練週、全新12週循環等等），但整體進步模式仍然像一支箭一樣直。

阿爾卡迪・沃羅比約夫教授提出了另一種訓練原則，稱為變動式超負荷（variable overload）：

「自然界的有機和無機物，都有階段性功能改變的特性。化學能量轉變爲機械、電磁、熱能的過程，也有各種不同的階段。而亞細胞與細胞層面會呈現離散變化，可能是生命體的特色之一。我們並非否認漸進式超負荷的原則（畢竟長時間訓練一定會穩定進步），但我們認爲運動員能力的進步原則是以較小的訓練負荷，達到突然的進步，也就是所謂的『跳躍式』進步。」

前蘇聯的舉重選手，和幾十年後的俄羅斯健力選手，都用變動式超負荷得到非常好的訓練效果。我們StrongFirst提出Plan Strong™的一般肌力訓練計畫，承襲並改編締造了許多世界紀錄的前蘇聯舉重訓練法。

阿爾卡迪・沃羅比約夫教授是史上最偉大的運動科學家之一，也是刷新 20 次世界紀錄的兩屆奧運舉重冠軍。

沃羅比約夫曾經說過：「變動式負荷的原則是否只適用於力量型運動呢？其實不是。實驗結果讓我們相當確信，比起其他種訓練模式，變動式負荷對於田徑、游泳、體操等等的運動表現也有非常良好的提升效果……變動式負荷適用於任何種類與任何層級的運動員。」

我們將Plan Strong™加入Strong Endurance訓練計畫，結果非常成功。這其中的關鍵是Delta 20原則，意思是兩次訓練之間的訓練量變化，最少是20%。所以才稱為Δ 20%或Delta 20。

漸進式超負荷的訓練量變化相當小，但變動式超負荷的訓練量則會大幅變化，每次訓練之間的差異最少會有20%，最多則會差到100%以上。這樣的訓練方法會讓身體產生很大的震盪，也能帶來超乎預期的表現進步。此外，沃羅比約夫教授的研究也指出，變動式超負荷也能為健康帶來意想不到的效果。

StrongFirst 資深壺鈴教官法比歐・左寧在 Plan Strong 的研習課上教學。

絕對爆發訓練的宗旨是提升最大爆發力，因此採取適合提升爆發力的訓練法，而變動式超負荷和爆發力訓練是絕配，但漸進式超負荷就完全不適合。你每一下反覆次數都用了100％出力，所以短期內也沒什麼好漸進的了。此外，你使用的阻力已經是最適合最大爆發力的產生，所以再提升重量，效果其實會變差。阻力可以變動，但變動並不代表漸進。提升每組的反覆次數或提升組數，都會影響爆發力的輸出，也會無意間改變身體代謝環境和最後的適應結果。

簡單來說，幾週的訓練下來，你會看到爆發力提升，幾個月的訓練下來，你能夠產生最大爆發力的重量也會提升。不過，短期之內並沒有所謂的漸進，只有練習和變動。

絕對爆發訓練計畫中最適合調整的變因是每天的訓練量，也就是總反覆次數。

我們已經知道每日最高反覆次數是100，那最低是多少？中間還有什麼選擇？

可以使用40、60、80、100。

之所以選這些數字，是有原因的。

首先，他們都是20的倍數，而20剛好是每一系列的總反覆次數。

第二，這些數字之間至少都差了20%（100與80的差距），而Delta模式則可以讓每次訓練量的差異更大，最大可以到150%（40與100的差距）。

第三，Plan Strong™的學生如果選擇使用這些數字，會發現自己命中安納托利·切爾雅克（Anatoly Chernyak）教授的「魔法次數」或所謂的「穩定結構常數」（stable structural constants）。

從簡易課表安排的角度來看，有一個好消息是：執行絕對爆發訓練時，可以隨意安排這些反覆次數的順序。

傳統的運動週期化訓練都會有準備期和競賽期，其中準備期的目的是建立肌力、耐力，以及其他能力的長期適應，競賽期則沒有要建立任何能力，而是創造完美的短期體能，讓準備期建立的能力達到最高水準。

如果要在特定日期達到表現顛峰，所謂「魔法次數」的順序必須依照特殊方法來安排；但如果只是準備期，任何順序都會有效。

而對許多絕對爆發訓練的讀者來說，根本不需要達到所謂顛峰表現，至少不需要讓絕對爆發訓練動作達到顛峰表現。

2000年代早期，我將變動式超負荷的概念融入戰術週期化訓練（tactical periodization），以專家的身分將這種訓練方法介紹給特種部隊。

傳統的週期化訓練注重長期計畫，以及讓表現在特定日期達到高峰，但對軍警消人員來說，這兩個重點都不切實際。畢竟壞人可不會選在特定日期才犯案。

相比之下，戰術週期化訓練屬於短期訓練計畫，強調以劇烈且隨機的方式來調整訓練負荷。換句話說，戰術週期化訓練就是在高度變化的環境下，使用沃羅比約夫教授的大幅阻力變動。

當然，除了戰爭，所謂的高度變化環境，也包括一些沒那麼恐怖卻也同樣難以預測的地方，例如擠滿一堆小孩的房子，或是剛開學的校園。因此，多數成年人的訓練應該遵循勇士的訓練模板，而非運動員的訓練模板。

在我們嚴格定義的負荷規定下，還要加入更多的隨機性，你大可擲骰子來決定每週三次的絕對爆發訓練中分別要做幾下反覆次數。

在此提醒，每次訓練時，兩個動作的反覆次數都要相同，例如40＋40或100＋100等等。如果是單手壺鈴擺盪，就以雙手的總和來計算。舉例來說，如果該天要做40下，就做左手10、右手10、左手10、右手10。

以下表格說明壺鈴擺盪與伏地挺身的執行方法：

壺鈴擺盪＋伏地挺身 各動作的每日總次數（如果是單手壺鈴擺盪就以雙手總和計算）						
骰子數字	1	2	3	4	5	6
總次數	40	60		80		100
系列數	2	3		4		5
訓練時間	12分鐘	18分鐘		24分鐘		30分鐘
如果骰出的數字和上次一樣，就再骰一次。						
如果當天是休息日就不要擲骰子，只要每個動作做2個系列（40下）就好。						

當然，有時候情況比較特殊，你可以不擲骰子，而是根據昨天或今明兩天即將發生的事，來決定今天最適合的訓練量。不過，請記得不要養成這個習慣，因為你對某些數字的偏好會降低整個計畫的隨機性，也會讓效果變差。

有時候會遇到當天應該訓練，身體卻不在最佳狀態，這時候建議做到40下的最低訓練量，但不要拿出最大的爆發力。可以稍微放鬆一點，大概發揮出¾的爆發力就好。這樣的訓練還是會帶來好處，例如你可以學會將拮抗肌的反作用張力降到最低，讓動作更有效率。不管是壺鈴擺盪加伏地挺身或是壺鈴抓舉，都可以用這種方法。

壺鈴抓舉的變化就如同壺鈴擺盪和伏地挺身一樣，但訓練的總時間只有⅔。

壺鈴抓舉 各動作的每日總次數（以雙手總和計算）						
骰子數字	1	2	3	4	5	6
總次數	40	60		80		100
系列數	2	3		4		5
訓練時間	8分鐘	12分鐘		16分鐘		20分鐘
如果骰出的數字和上次一樣，就再骰一次。						
如果當天是休息日就不要擲骰子，只要每個動作做2個系列（40下）就好。						

執行3個系列和5個系列的那幾天，開始和結束都是用非慣用手，所以會比慣用手多做20下。請習慣這件事情。

確認每日訓練量之後，就可以擲骰子來決定每日的組數與次數。

壺鈴擺盪＋伏地挺身 系列內的組數與次數						
骰子數字	1	2	3	4	5	6
次數／組數	5／4		5／4與10／2交替❼		10／2	
如果當天是休息日就不要擲骰子，兩個動作都做5／4就好。						

---

❼ 以每個動作都要做60下的那天為例：壺鈴擺盪5／4、伏地挺身5／4、壺鈴擺盪10／2、伏地挺身10／2、壺鈴擺盪5／4、伏地挺身5／4。

壺鈴抓舉 系列內的組數與次數						
骰子數字	1	2	3	4	5	6
種類	5／4		左5／4＋右5／4與 左10／2＋右10／2 兩個系列交替❽		10／2	
如果當天是休息日就不要擲骰子，兩個動作都做5／4就好。						

最後，選定壺鈴擺盪的種類：

壺鈴擺盪種類						
骰子數字	1	2	3	4	5	6
種類	雙手			單手		

伏地挺身種類						
骰子數字	1	2	3	4	5	6
種類	手掌			拳頭		

壺鈴抓舉沒有特別的變化，而是極致的極簡主義：一個動作、一個版本。

變動式超負荷是目前最有效的訓練計畫，因為可以同時滿足兩項看似衝突的需求：特殊性與稀有性。透過擲骰子，我們可以用很單純的方法來執行這個高度複雜的訓練系統。

---

❽ | 左5／4、右5／4；左10／2、右10／2。執行3個系列和5個系列的那幾天，左手和右手的負荷將不一樣。

為持久而練

有時候運動員會被迫減少或完全中止訓練。

不只是運動員，也可能是執行艱難任務的海軍、睡眠嚴重不足的父母親，或是企業家。

絕對爆發訓練非常適合生活充滿髮夾彎的讀者，這個訓練計畫可以在你休息的時候，將體能下降的幅度降到最低。以下介紹背後的機制。

首先，絕對爆發訓練耐力的關鍵在粒線體，而且不會受到有氧能力限制。停止訓練的時候，最大攝氧量會率先下降，尤其是一直在做間歇訓練而不是穩定狀態訓練的人。而且很不公平的是，你的最大攝氧量越高，降低的幅度就越大。

第二，練就來的會比泵起來的更持久。

人體本質上的變化，比起生物化學方面的適應還要穩定持久得多。讓我們比較一下透過不同方法生長的肌肉，有多久的保存期限。健美練出來的肌肉在離開健身房以後，幾天內就會開始流失，他們身上的肝醣存量會因為缺乏肌肉活動而快速流失，而且一分子的肝醣會與三分子的水連結，最後的結果就是肌肉變得沒那麼膨脹。相比之下，健力練出來的肌肉可能要休息一個月才會流失，而

且看不太出差異。「真正的」肌肉（肌原纖維）要整整一個月懶惰不訓練，才會開始萎縮。

同理，絕對爆發訓練練出來的耐力是來自粒線體的品質和數量增加，效果會比代謝型訓練練出來的耐力好很多，因為這種耐力是來自變動劇烈的肝糖儲存、糖解酵素，以及乳酸緩衝。

第三，慢慢練來的會比硬湊在一起的更持久。

試想一間花了幾十年用充滿愛的勞力所建造出的教堂，以及一間透過大量生產卻沒有精心設計所蓋出的房子，教堂一定會比房子長命幾百歲。

訓練史越長，適應的程度就越深，也越不容易走到退訓練狀態。前蘇聯科學家讓兩組受試者停止訓練30天，而在停止訓練前，一組已經訓練30天，另一組則已經訓練90天。30天的休息結束後，第一組的有氧能力很快就回到訓練前的水準……好像不曾訓練過一樣。但訓練時間比較久的第二組，有氧能力完全沒有下降。

絕對爆發訓練計畫必須執行數月甚至數年，絕非幾週可以完成。

第四，絕對爆發訓練鎖定的重點是爆發力，讓運動員在減少訓練量時，還能維持所有體能素質。

前蘇聯科學家發現，低量維持型負荷的速度成分越大，防止退訓練效應的效果越顯著。亞科夫列夫教授說：「運動員因不可抗力因素無法做到完整訓練量的時候，就有機會使用特別低的訓練量負荷，來維持運動員的訓練水準。」這也是必須「以快為重」的理由之一。

第五，降低現在的訓練頻率，可以延緩日後退訓練效應的速度。

冷戰時期的德國科學家發現，訓練頻率越高，退訓練效應的速度就越快，反之亦然。也就是說，如果我們通常1週只訓練兩次，偶爾休息1週以上不訓練，對表現的影響會比較小。

絕對爆發訓練讓我們可以1週只訓練2次。雖然每天訓練可以促進粒線體的適應，但兩次適應就足以帶來很棒的進步，如同先前提過，進階角力選手透過反覆衝刺實驗得到的效果。相當多的證據都顯示，1週訓練2次就足以提升爆發力和肌肥大。

時程安排

1週訓練2次很棒，但3次可能更好。

在大多數訓練種類中，1週2次的訓練頻率是最低有效劑量，而1週4次則是邊際效益遞減的開始。因此，絕對爆發訓練1週訓練3次是效果和效率都最好的頻率。我們的訓練時程是經典的週一、週三、週五。

準備開始絕對爆發訓練日吧。

有鑑於絕對爆發訓練的特色是時間短，又能賦予活力，所以很適合搭配其他種類的訓練，只要記得在絕對爆發訓練之前不要做任何訓練就好。速度第一。

做完自選的暖身動作，就可以開始做絕對爆發訓練。暖身動作只需要做醫療專業人員建議的最小量，加上維持健康所需的項目就好。雖然多做一些暖身會提升爆發力運動的表現（不過力量型運動則不會），但畢竟我們奉行的是極簡主義，所以沒有必要做太多。

舉例來說，我在做絕對爆發訓練壺鈴擺盪和雙槓下推之前，會做以下的暖身。

- 腳站在大約兩倍肩寬的位置，腳趾往外偏45度以上，並深蹲至略低於大腿水平線的位置。在這個位置停留，並「將臀部從窩裡拉出來」，扭轉攪動大約10秒。
- 背對一支垂直的柱子，讓雙手朝後在大約腰部的位置抓住柱子。身體前傾，伸展鎖骨，使胸口能用力打開，作為雙槓下推到最底部的動作準備。一樣花10秒左右的時間。
- 做幾次髖部繞圈，專注在臀肌的伸展，一樣花10秒左右。

這樣的暖身動作總共半分鐘，如果加上動作轉換時間，大約是整整1分鐘。就這樣，我準備好了。

以上的暖身相當個人化，你不一定要跟我一樣。我幾十年下來訓練都不曾暖身，而且我的暖身方法也不一定適合所有人。

記得在精神最好的時候訓練。

至於一天之中什麼時間最適合訓練，就要看你訓練的主要目的是什麼。

如果要訓練爆發力，建議在下午和傍晚交界的時候做，不要拖到接近睡眠時間做，因為絕對爆發訓練會激發你的能量，做完之後可能不太好入睡。

如果是為了保持健康和增加耐力，建議在早上做完之後，空腹一陣子。

我也很訝異我竟然打破幾十年來不提出任何飲食建議的原則，但有個現象在粒線體的研究中實在太常出現，不講真的不行。

之前在討論ATP時曾經提到，AMPK所測量的要素不只有AMP而已，還包括其他低能量物質。實際上，如果你的飲食跟健美選手很像，或和馬拉松選手一樣讓身體充滿肝醣，AMPK就不會那麼容易被訓練所啟動。因此絕對爆發訓練最有效的時候，是白天空腹的時候。

在訓練之前或訓練期間喝那些荒謬的「能量飲料」，顯然會抑制訓練對粒線體的效果。

就算是訓練後喝能量飲料，也會有影響。研究顯示，理想上若要增強效果，應該在藉著訓練刺激粒線體之後，維持空腹一段時間。至於要空腹多久，就有很多影響因素了，畢竟太晚才吃東西，就會使肌肥大和肝醣補充的效益變差。

開始做絕對爆發訓練的時候，不要一下就跳到最高負荷，建議用幾週的時間來堆疊。第1週建議只使用40和60下反覆次數，如果骰子擲出來的數字比較大，就再擲一次。第2週可以做到80下，但還是建議不要做到100下。第3週開始就可以使用最高的負荷。

第1週建議只做5／4的系列，第2週就開始擲骰子，但請限制在5／4系列或5／4和10／2交替做。第3週開始，就都可以隨你選。

前兩週大約發揮出80-90%的爆發力就好，第3週開始再火力全開。

初期做壺鈴擺盪或壺鈴抓舉的時候，允許重量自由落體。當你可以用最大爆發力舒服做到100下的時候，再開始使用超快速離心。梅爾・希夫博士告誡：「無論做什麼，都不要高估自己的能力。請記住，你正在做的是一種『超級爆發力訓練』，而你的軟組織會承受相當大的壓力。」

壺鈴往下掉的時候，先稍微加速就好。慢慢增加速度，如果發生下列狀況請停止加速：

✓ 你覺得壺鈴往下時再加速會受傷。
✓ 你知道自己手掌的皮膚無法承受更強烈的減速。
✓ 你無法再把壺鈴往後甩得更快。

這時候請重新測試你的爆發力，差不多是增加重量的時候了。

為了強調壺鈴向下加速的幅度要和緩一點，讓我們來看看動能的公式：

$$KE = (mv^2) / 2$$

移動物體的動能與質量乘以速度的平方是成正比關係。一顆子彈的質量如果變成原本的兩倍，破壞力也會變成兩倍，子彈的速度如果變成兩倍，威力會變成四倍。

絕對爆發訓練總結一
壺鈴擺盪和爆發伏地挺身

絕對爆發訓練是一項進階、極簡，而且個人就可以完成的一般體能準備訓練（General Preparation Phase），可以提升許多身體素質，其中又以爆發力為主。絕對爆發訓練同時也能將疲勞與痠痛降到最低，同時留下許多時間精力來做其他事情。

何時訓練

1週訓練2-3次。

要在狀況良好的時候訓練。

一天之中什麼時候最適合訓練，要看你訓練的主要目的是什麼。

· 如果主要目的是爆發力，建議在下午和傍晚交界的時候做，不要拖到接近睡眠時間才做。
· 如果主要目的是保持健康與增強耐力，建議在早上做完之後，空腹一陣子。

訓練安排

做完自選暖身動作，就可以開始做絕對爆發訓練。

拉和推的動作都要用最大的爆發力、最快的節奏，而且要完全符合StrongFirst的壺鈴訓練和徒手訓練的技術標準。
壺鈴擺盪時，不要讓壺鈴飄浮起來；伏地挺身時，手肘一定要完全打直鎖死！

做完自選暖身，就開始交替進行拉和推的系列。一個系列總共做20下，可以是4組5下（5／4）或2組10下（10／2）。

若是單手的壺鈴擺盪，每組都要換手：左10、右10，或是左5、右5、左5、右5。

每組和每個系列之間都要做動態休息，建議到處走動，或做「又快又鬆」的動作。

每個系列中，每30秒做1組5下，或是每1分鐘做1組10下。兩個系列之間的休息時間，就是上個系列做完的那分鐘休息完，再加1分鐘。也就是5／4的休息時間大約是1分20秒，10／2的休息時間大約是1分45秒。

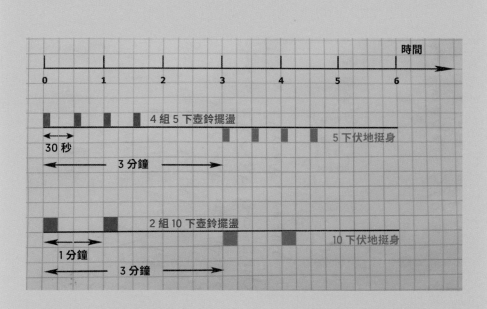

時間

| 0 | 1 | 2 | 3 | 4 | 5 | 6 |

4 組 5 下壺鈴擺盪

5 下伏地挺身

30 秒

3 分鐘

2 組 10 下壺鈴擺盪

10 下伏地挺身

1 分鐘

3 分鐘

無論如何都不要壓縮休息時間！如果你覺得太容易，就增加動作的爆發力。

訓練負荷

擲骰子來決定訓練負荷。

第一步：訓練量

每個動作都做2-5個系列（總共40-100下）。如果做單手壺鈴擺盪，就把兩隻手做的次數加起來。

兩個動作的系列數要一樣，而且都要從壺鈴擺盪開始。擲骰子來決定每日訓練量：

骰子數字	1	2	3	4	5	6
總次數	40	60		80		100
系列數	2	3		4		5
訓練時間	12分鐘	18分鐘		24分鐘		30分鐘
如果骰出的數字和上次一樣，就再骰一次。						

如果當天是休息日就不要擲骰子，只要每個動作做2個系列（40下）就好。

第二步：系列中的組數與次數

骰子數字	1	2	3	4	5	6
次數／組數	5／4		5／4與10／2交替		10／2	

如果遇到休息日就不要擲骰子，只要兩個動作都做5／4就好。

第三步：擺盪類型

骰子數字	1	2	3	4	5	6
種類	雙手			單手		

第四步：伏地挺身類型（不一定要執行這個選擇）

骰子數字	1	2	3	4	5	6
種類	手掌			拳頭		

絕對爆發訓練總結二

壺鈴抓舉

絕對爆發訓練是一項進階、極簡，而且個人就可以完成的一般體能準備訓練（General Preparation Phase），可以提升許多身體素質，其中又以爆發力為主。絕對爆發訓練同時也能將疲勞與痠痛降到最低，同時留下許多時間精力來做其他事情。

何時訓練

1週訓練2-3次。
要在狀況良好的時候訓練。

一天之中什麼時候最適合訓練，要看你訓練的主要目的是什麼。

· 如果主要目的是爆發力，建議在下午和傍晚交界的時候做，不要拖到接近睡眠時間才做。
· 如果主要目的是保持健康與增強耐力，建議在早上做完之後，空腹一陣子。

訓練安排

做完自選暖身動作，就可以開始做絕對爆發訓練。

壺鈴抓舉必須用最大的爆發力、最快的節奏，而且要完全符合
StrongFirst壺鈴訓練和徒手訓練的技術標準。**動作到最高點時，手
肘要確實打直鎖死！**

左右手的抓舉要視為獨立事件。一個系列用左手做20下……下個系列
再用右手做20下。

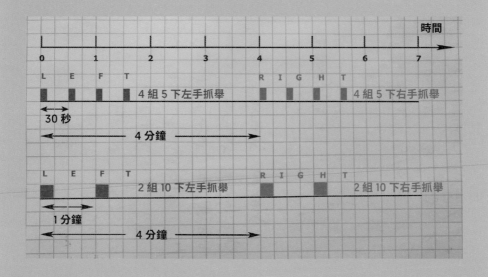

做完自選暖身，就可以交替左手和右手的系列。一個系列總共做20下，可以是4組5下（5／4）或2組10下（10／2）。

每個系列只用一隻手：
・系列一：左5、左5、左5、左5
・系列二：右5、右5、右5、右5

或是：
・系列一：左10、左10
・系列二：右10、右10

每組和每個系列之間都要做動態休息，建議到處走動，或做「又快又鬆」的動作。

每個系列中，每30秒做1組5下，或是每1分鐘做1組10下。兩個系列間的休息時間，就是上個系列做完的那分鐘休息完，再加2分鐘。

無論如何都不要壓縮休息時間！如果你覺得太容易，就增加動作的爆發力。

一個系列的單手抓舉（20下）再加下個系列前的休息時間需要4分鐘，每次訓練都有2-5個系列，所以總時間是8-20分鐘。

訓練負荷

擲骰子來決定訓練負荷。

第一步：訓練量

把雙手的反覆次數加起來。

骰子數字	1	2	3	4	5	6
總次數	40	60		80		100
系列數	2	3		4		5
訓練時間	8分鐘	12分鐘		16分鐘		20分鐘
如果骰出的數字和上次一樣，就再骰一次。						

執行3個和5個系列的訓練日，都會從非慣用手開始，所以這隻手最後會多做20下。

如果遇到休息日就不要擲骰子，只要做2個系列（40下）就好。

第二步：系列中的組數與次數

骰子數字	1	2	3	4	5	6
次數／組數	5／4		5／4與10／2交替		10／2	

如果遇到休息日就不要擲骰子，只要做5／4就好。

請為自己作出最佳選擇

「要執行絕對爆發訓練多久，才能開始做A+A❾這種相容性更高的訓練法呢？」

理想的時間是三個月。

執行絕對爆發訓練最初6週，最明顯的效果是粒線體和肌原纖維的適應，後面6週的最大好處是讓你學會利用這陣子練成的爆發力和體能。

「絕對爆發訓練可以執行超過12週嗎？」

當然可以。我們也有一些運動員，甚至是職業運動員，他們都做絕對爆發訓練好幾個月的時間，而且效果都很好。沃羅比約夫教授發現，讓訓練負荷的變化度高一些，可以延緩高原期的到來。

---

❾ ｜ alactic plus aerobic，即所謂的「抗乳酸加有氧訓練」，是前蘇聯經典的抗糖解訓練法。若想得知進一步消息，可以上 StrongFirst.com 閱讀相關文章。
　首次執行 12 週的絕對爆發訓練後，有一個很有效的訓練策略，就是交替執行 6 週的絕對爆發訓練和 A+A。雖然效果不盡相同，但兩種訓練法都能訓練到快縮肌群的粒線體。兩種方法都能訓練爆發力，也能得到許多什麼鬼效果。如果再搭配本章提到的其他訓練變化方法，這種訓練策略可以持續好幾年的時間。

但就算你使用Delta20原則,進步速度總有一天還是會變慢。既然這個訓練法投入的時間和精力很少,只要能將表現維持在相對高的水準,就心滿意足了。如果要持續進步,可以在原有的絕對爆發訓練計畫中,加入額外的變化種類。

改變訓練日

其中一個變化法就是改變一週內的訓練日。如果你不是那種超級強迫症患者(堅持花瓶一定要放在桌子正中央,不然就會發瘋),就可以不用遵守傳統的週一、週三、週五訓練時程,而是可以丟硬幣或擲骰子來決定訓練日。

早期蘇聯的訓練法受到帕夫洛夫(Pavlov)的影響很大,認為如果要得到最佳的適應效果,就要讓「特定訓練刺激以嚴格的順序重複,而且之間的間隔要非常規律」。到了1960年代,前蘇聯仍然覺得高規律性是很重要的訓練原則。後來出現的沃羅比約夫教授指出,週一、週三、週五這種規律訓練節奏固然很適合初學者,但對於有經驗的運動員來說就比較不理想,因為這些人的訓練需要更多出其不意,至少在競賽期以外的時間是如此。

先排除週六和週日,丟硬幣或擲骰子來決定要在哪天訓練。

今天要訓練嗎?		
硬幣顯示	正面	反面
骰子顯示	1、2、3	4、5、6
訓練	要	不要

最後你會發現,長期下來每週訓練頻率和原本規律的方式差不多。而厲害(讓某些人難以置信)的地方,正是達到這個平均值的過程相當詭異。為了達到隨機的效果,我投硬幣投了12週的時間,來看看整個過程吧!

使用變異訓練日的12週絕對爆發訓練範例							
週次	週一	週二	週三	週四	週五	週六	週日	總計
1	+				+	+		3
2	+		+			+		3
3			+			+		2
4	+		+		+			3
5			+		+			2
6			+					1
7	+		+		+			3
8		+				+		2
9	+				+			2
10		+	+	+	+	+		5
11					+			1
12	+					+		2

話雖如此，由於職業、運動和社會等因素，還是很少人能夠真正做到這樣的隨機程度。使用原本無聊的週一、週三、週五訓練時程，當然也完全沒問題。

改變動作

讓動作選擇更多元。舉例來說，某幾天做壺鈴擺盪加伏地挺身，某幾日則做壺鈴抓舉。你可以這樣做一個月：

骰子數字	1	2	3	4	5	6
動作	壺鈴擺盪與伏地挺身			壺鈴抓舉		

下個月可以這樣做：

骰子數字	1	2	3	4	5	6
動作	壺鈴抓舉			壺鈴擺盪與伏地挺身		

如果你知道自己在做什麼，可以加入更多種類變化，例如某幾天用深蹲跳或側邊擺盪來取代壺鈴擺盪。

改變阻力

你也可以改變阻力。

大多數時候，使用原本經測試出來能發揮出最大爆發力的重量或彈力帶，但有時候可以定期加重⅕-⅓的重量或阻力。像這樣的調整，用彈力帶可能比較困難，但用壺鈴就可以輕易做到，或者也可以用背包。

也可以穿著負重背心執行爆發伏地挺身。

讓每組的反覆次數減半，從原本的10下減到4-6下，或從原本的5下減到2-3下。要減少足夠的反覆次數，確保你的壺鈴擺盪不會做成前SFG教官傑夫·奧康納（Jeff O'Connor）所謂的「快速掙扎」，就算是做到第5系列的最後一組，也不應該這樣。

舉例來說，如果你爆發力訓練的最大重量是32公斤，而32公斤的5／4和10／2都已經做了很久，就可以嘗試在大重量日用40公斤做2-3／4或4-6／2。換句話說，32公斤的阻力在某幾天做4組5下，某幾天做2組10下；而40公斤則做4組的2-3下，或2組的4-6下。

你可以改變不同日的阻力，也可以改變同一日的阻力。

再次提醒，請盡量選擇能發揮出最大爆發力的重量，我們先假設這個重量是A。你可以畫出類似以下的表格，避免在訓練時一直糾結要使用多少的重量：

骰子數字	1	2	3	4	5	6
重量	A + (20-33%)			A		

彈力帶伏地挺身也可以這樣安排，不過這樣就要用百分比來估計重量。

偶爾使用較輕的阻力（頻率還是要比大重量低）並不會影響訓練效果，畢竟速度訓練也能提升爆發力。

俄羅斯的運動員會用最大阻力的15-20%來訓練速度和徒手動作。為了方便計算，如果你要減輕負荷，就使用比A還輕20-33%的壺鈴就好。

將每組的反覆次數提升50%：10下變15下、5下變7-8下。舉例來說，如果你的A是32公斤的5／4和10／2，在你把重量降低以後，就執行24公斤的7／2或8／2，或是24公斤的15／2。

以下是將速度負荷融入絕對爆發訓練的範例表格：

骰子數字	1	2	3	4	5	6
重量	A - (20-33%)	A + (20-33%)		A		

進階訓練者可以選擇在雙手壺鈴擺盪時加上彈力帶，以達到超快速離心的額外訓練效果。但請記得使用較輕的壺鈴，不要太勉強。

增加訓練量，不要那麼多變化

執行幾個月的絕對爆發訓練之後，可以轉換到最精煉的變化版，也就是之前的「StrongFirst實驗計畫015」。

兩個動作都做10組10下，組間休息3分鐘。00:00開始計時的時候，用左手做10下的單手壺鈴擺盪，01:30時做10下伏地挺身，03:00時用右手做10下擺盪，04:30的時候做10下伏地挺身，以此類推。你可能已經發現，這就是前面提到那位美國特種部隊的「維克托」在執行的訓練方法。

1週至少訓練3次，如果恢復狀況良好，可以訓練4-5次。

雖然這種負荷型態的效果比033差一些（因為磷酸肌酸消耗比較少，而且根本沒有變化），但在其他方面的效果還是可以彌補這個不足。

你的體重應該會稍微上升。前蘇聯舉重國家隊總教練羅伯特·羅曼（Robert Riman）就相當清楚：「在其他條件相同的情況下，訓練量增加就會讓肌肉量增加。」

權威性的俄羅斯軍隊《體能訓練百科全書》（*Encyclopedia of Physical Training*）告訴我們，肌肥大和有氧訓練所需的變化程度比較少，爆發力和肌力訓練所需要的變化程度比較多。也就是說，我們暫時可以不必一直堅守固定的訓練負荷。

我遇到前保加利亞體操國家隊教練伊萬·伊萬諾夫（Ivan Ivanov）時，見證到每天做100下爆發力動作的肌肥大效果。伊萬諾夫如果有兒子大概都已經成年了，但他的體格還是好到連20歲小夥子都望塵莫及，就算再過十年也還是一樣好。

請你為自己選擇。俄羅斯詩人尤里・列維坦斯基（Yuri Levitansky）寫道：

人都要爲自己選擇
諸如女人、信仰、道路
通往救贖抑或魔道
人都要爲自己選擇

人都要爲自己選擇
示愛與禱告之詞
戰鬥所用的武器
人都要爲自己選擇

人都要爲自己選擇
盾牌與盔甲、棍棒與抹布
最後能得到多少救贖
人都要爲自己選擇

人都要爲自己選擇
我選擇對自己最好的
不必爲任何人交代
人都要爲自己選擇

最強的動物

引一段與大貓咪有關的話來總結這本書,看來再適合不過。讓我仿效羅伯特．謝克利(Robert Sheckley)獨特的文風來書寫:

「他打了呵欠,露出如同土耳其短刃的利牙。他伸展身體,展現出身體兩側滑順的肌肉紋理,就像動作遲緩的小章魚在一層薄薄的塑膠下纏鬥……他的尾巴伸得又直又高,表示他眼前的獵物現在麻煩大了。」

祝各位狩獵愉快!

致謝

本書作者想感謝以下同事與好朋友，謝謝他們提供寶貴的回饋與建議：

喬恩・恩古姆（Jon Engum）、史提夫・弗烈德博士、約翰・海恩斯（John Heinz）、布萊特・瓊斯、帕維爾・馬希克（Pavel Macek）、克雷格・馬克爾博士、彼得・帕克、馬克・來福凱德、菲爾・史卡瑞托（Phil Scarito）、艾雷西・希納特，以及法比歐・左寧。

本書照片來源：

Leopard: Stuart G Porter/Shutterstock.com • Peter Park and JJ Muno: Courtesy of Peter Park • Barracuda: Rich Carey/Shutterstock.com • Leopard relaxing: Volodymyr Burdiak/Shutterstock.com • Dan Austin and Hideaki Inaba: Courtesy of Powerlifting USA • Jaguar fighting caiman: nwdph/Shutterstock.com • Cheetah hunting: Elana Erasmus/Shutterstock.com • Derek Toshner: Lydia Toshner • Roxanne Myers: Courtesy of Roxanne Myers • Fabio Zonin at Plan Strong™ seminar: Craig Marker

其他引用來源：

爆發力顛峰數值圖表引自Dr. Craig Marker。
〈生命的猛烈〉引自Roger Zelazny的小說。
〈最強的動物〉引自Iron Maiden的一首歌。

參考資料與注解

以下的俄羅斯文獻多半都沒有英文資料。

Part 1　速度第一

速度第一

· 前蘇聯各運動項目的高水準運動員，都要接受一些不同特質的檢測。短跑選手的肌力相當接近舉重和體操選手，但耐力型選手的肌力就比較不足。舉重和體操選手的耐力表現也不好，但短跑選手的耐力卻很好。（Yakovlev, 1983）

· 引述。（Yakovlev, 1974）

· 肌凝蛋白和最大組織換氣率，經過不同種類的訓練下，從未訓練程度的進步百分比，圖表。（Yakovlev, 1974, 1983）

· 在特定動作下，最大爆發力會出現在最大肌力的 ⅓-½ 左右。（Kotz, 1998）

· 速度越快，徵召特定運動單元所需的力量門檻就越低（Gourfinkel et al., 1970; Gidikov, 1975）。對於特定運動單元，若使用彈震式動作，徵召的力量門檻會低於動態或等長收縮（Desmedt & Godaux, 1978; Yoneda et al., 1986）。

· 健康且有重量訓練經驗的男性，使用體重70%的重量做10組5下的深蹲跳，組間休息2分鐘，血液中的睪固酮濃度會增加15.1%。（Volek et al., 1985）

· 引述。（Fry & Lohnes, 2010）

· 老化過程中，肌力的動態成分（跳躍、投擲、快速動作）會先流失，靜態肌力則流失較慢。（Yakovlev, 1983）

· 老化過程中，二型肌纖維會先流失，一名80歲靜態生活的長者，身上剩下的快速肌纖維只剩下不到30歲時的一半。引述。（Zatsiorsky & Kraemer, 2006）

· 在體重一樣的狀況下，70歲長者休息時所消耗的氧氣，比20-30歲的年輕人還少40%。（Yakovlev, 1983）

· 若要刺激孩童、青少年和長者體內的肌肉生長與能量消耗，建議使用加速度動作。（Yakovlev, 1983）

· 速度訓練會提升碳水化合物的氧化，不會提升脂肪的氧化（Yakovlev, 1983）。不過，「執行高速度訓練時，脂肪組織減少的幅度比低速度訓練時更高。」（Platonov et al., 2004）

酸是速度的大敵

· 乳酸濃度高，是限制肌肉收縮的主要因素。（Meerson, 1973, 1986）

→「酸中毒……會干擾神經細胞活動，並啟動內部的防衛抑制，讓神經肌肉的傳導受到不良影響。」此時鈉鉀泵浦傳遞離子的效率會降低。（Volkov et al., 2000）

→ 氫離子會抑制肌凝蛋白和鈣泵浦的ATP酶，影響肌肉收縮和放鬆。（Mikhailov, 2002）

→ 氫離子會干擾鈣離子進到旋光素／旋光肌蛋白複體。（Brooks & Fahey, 2004）

→ 氫離子會降低鈣離子在基質網的再攝取。

→ 氫離子會抑制CK、糖解和有氧酵素。

→ 氫離子會使粒線體中的氧化與磷酸化解偶。（Volkov et al., 2000）

· 「肌肉收縮的能力包括數種指標，例如最大力量、收縮速率和放鬆速率……爆發力輸出等於力量乘以速度，所以力量或速度其中一個如果減少20%，會使爆發力下降大約40%。」（Hargreaves & Spriet, 2006）

· 工作肌群乳酸濃度和爆發力輸出下降關係的圖表，是根據Volkov et al.（2000）。

· 在飛輪車最大爆發力輸出測試中發現，到了30秒的時候，爆發力會下降40-50%。（Nevill et al., 1996）

· 在疲勞的狀態下，尤其是自行車訓練後，肌肉不再能夠做出快速且有力的收縮，取而代之的是時間較長且力量較弱的收縮。（Farfel, 1972; Kourakin, 1972; Volkov et al., 1974）這樣一來會導致本體感覺和代謝的改變，使得體內各種系統的交互作用與動作協調受到影響，大幅降低動作的訓練效益。（Mogendovich, 1963; Mouravov et al., 1984; cited by Verkhoshansky, 1988）

· 研究女性競速滑冰選手在不同形式的運動與負荷中，體內的合成與分解效應狀態。（Erkomayshvili, 1990）

· 引述。（Selouyanov, 2013）

· 肌值中氫離子濃度增加，會造成過氧化反應。（Hochachka & Somero, 1988）而較低的pH值會讓低活性的自由基變得更具侵略性（Hess et al., 1982, etc.）。

· ROS在生理上具備毒物興奮效應（Yakovlev, 1983）：包括刺激保護蛋白的合成，並讓生命體更能面對對壓力、運動、寒冷，也更能攝取富含氧化基質的飲食、更能對抗缺氧等等。（Sazontova & Arkhipenko, 2004）
　「ROS最重要的生理功能包括受損分子的氧化與利用、信號分子的合成，以及參與氧化還原訊息傳遞路徑，並在細胞內部將外部訊號傳遞給細胞核，以達到蛋白質合成……」（Arkhipenko et al., 2014）。
體內ROS的濃度對於粒線體生成的開始非常重要。（Paulsen et al., 2014）研究指出，PGC-1α的展現需要體內有適當的ROS濃度（Lira et al., 2010）。

· 「疲勞運動前、中、後，體內GSSG和麩胱甘肽與乳酸害和丙酮酸的比例呈現線性關係。」（Sastre et al., 1992）。麩胱甘肽屬於抗氧化物，而它的氧化版本GSSG如果濃度增加，就代表氧化壓力增加。
文中的簡化圖表「乳酸濃度和氧化壓力的線性關係」是基於Sastre等人的圖表。在原圖中，x軸表示血液中乳酸與丙酮酸的比值，y軸表示GSSG與麩胱甘肽的比值。

· ROS是破壞肌纖維型態結構的主要因子。（Pshennikova, 1986）

· 軟組織或結締組織的ROS如果太高，可能會造成組織退化，細微組織壞死，喪失彈性，甚至造成受傷。（Tabarchouk et al., 2014）

腎上腺素屬於獵物

· 無論壓力來源是什麼，都會讓脂質過氧化（POL）變嚴重。（Baraboy, 1991）負面情緒帶來的壓力，會啟動大腦以及相關器官的脂質過氧化（Meerson, 1981）。此時的POL濃度會上升2-3倍（Prilepko et al., 1983）。高濃度的兒茶酚胺會使粒線體膜的POL產物提升接近90％。（Swaroop & Ramasarma, 1981）

· 「腎上腺素受體刺激會降低抗氧化物麩胱甘肽的合成。」（Estrella et al., 1988）

· 恐懼與憤怒的腎上腺素／正腎上腺素假說（Funkenstein, 1955）是「解釋這兩種激素各自反應的好假說，但仍不到盡善盡美。」（Potegal et al., 2010）

· 不同物種的腎上腺素與正腎上腺素比例。（von Euler, cited in Green, 1987; Rome & Bell, 1983）

· 無論豢養或野生，社交型動物的腎上腺素與正腎上腺素比例都很高。（Reed, 1958）

· 正腎上腺素的分泌，讓身體與心理的工作量能提高。（Yakovlev, 1974）

· 腎上腺素和正腎上腺素似乎分別與結果的不確定性和確定性相關。（Kety, cited in McNaughton, 1989）

疾速和致命，絕對爆發的光譜兩端

· 「經過訓練的運動員做完100公尺衝刺後，可以在30分鐘以內恢復，但一隻鱷魚可能需要數小時的休息，並消耗更多的氧氣，才能在一陣激烈活動後清除血液中多出來的乳酸，並重新產生肌肝醣……恐龍和其他已經絕種的大型

動物，可能必須仰賴乳酸發酵，才能提供能量讓肌肉活動。不過牠們接下還會需要很長的恢復時間，此時很容易受到體型較小的掠食者攻擊，因為這些掠食者使用氧氣的效率較佳，可以適應持續不間斷的肌肉活動。」（Nelson & Cox, 2012）

· 引述。（Lane, 2010）

· 肌肉活動的適應會伴隨其他刺激型態的適應：缺氧、熱、冷等等。（Rousin, 1984）對氧氣需求的競爭，會讓這些交叉適應的狀況同時發生（Platonov et al., 2004），而且很多會發生在粒線體中（Yakovlev, 1974）。

· 「雖然刺激會以很多不同的形態呈現（冷、缺氧、高強度肌肉運動等等），但人體的適應機制其實相當一致（Meerson, 1973; Kaznacheev, 1980）……同樣的改變會發生在許多生理系統的細胞中，此時富含能量的磷酸化合物會缺乏，讓磷酸化的潛能提升，細胞的遺傳機制會啟動，強化核酸與蛋白質的合成。」（Verkhoshansky, 1985）

· 「粒線體在代謝扮演的角色對細胞和有機體功能非常重要，如果粒線體功能有瑕疵，會造成醫療上非常嚴重的後果。粒線體對神經與肌肉功能、全身能量代謝，以及體重調節都非常重要。癌症、糖尿病、肥胖等人類的神經退化性疾病，可能都和粒線體功能退化有關，甚至有一種說法是，老化的機制是粒線體完整性逐漸流失的過程。ATP生成不僅對粒線體功能非常重要，也大幅參與人體內的生熱作用、類固醇合成，以及細胞凋亡（有計畫的細胞死亡）。」（Nelson & Cox, 2012）

· 粒線體會死亡和興替，此時突變會開始累積。「老化就在這種情況下發生，會漸漸侵蝕我們的能量，直到體內可用能量不足，無法讓組織維持正常運作，這時候就會出現一些症狀……到了能量嚴重不足的時候，越來越多的系統會受到影響，最後就會死亡。」（Wallace, 2011）

· 「每克肌肉中粒線體含量越高，在面對特定負荷時，每單位粒線體所需的換氣率就越低。」（Hood, 2001）粒線體數量增加，會讓粒線體內產生

的ROS變少，因此降低肌肉中自由基所帶來的氧化效應。（Boveris & Chance, 1973; Davies et al., 1981; Jenkins et al., 1983）

· 「許多隨機抽樣的研究都發現，抗氧化劑療法對身體沒有益處；甚至有一些大型的統合分析研究指出，攝取特定的抗氧化劑，有時候反而會增加死亡率……有些抗氧化劑會提升癌症的機率，原因可能是因為這些抗氧化劑會防止基因受損的癌症前細胞產生凋亡的狀態。不過，長期低劑量的抗氧化劑，也可能會抑制正常的毒物興奮反應，因此阻斷一系列生命體會自然經歷的細胞保護措施。」（Yun & Finkel, 2014）

· 「與粒線體興奮效應的概念相符合的是，運動引發的氧化壓力可以改善胰島素阻抗，並帶來一系列的適應反應，促進體內抗氧化劑的保護力。若攝取含有抗氧化劑的補充品，可能會排除運動對人體的這些健康益處。」（Ristow et al., 2009）

「抗氧化劑補充品無法防止運動引發的脂質過氧化及發炎，甚至也會干擾肌肉損傷的恢復。」（Teixeira et al., 2009）

· 「在結構受損的粒線體中，ROS的保護效果會受到嚴重影響……這時候粒線體會成為ROS的淨生產者……而完整的粒線體不但不會產生ROS，反而還會是ROS的濾網。」（Andreyev et al., 2004）

Part 2　生命的猛烈

漫長又曲折的路

· 「傳統上來說，耐力和對抗疲勞的必要性有關，也和提升運動員對體內環境不良改變的耐受度有關。以前認為，只有在運動員達到預期的疲勞程度時，耐力才會提升……這種觀點會讓人認為耐力訓練必定會減少其他方面的訓練容量……並導致大家對耐力訓練產生消極態度……人們會『強忍』這種不愉快的感受，而不會積極尋找降低疲勞的訓練方法，然後就會拖延訓練，並讓訓練的強度越來越低。

「但是目標並非讓運動員筋疲力盡，也不是讓他習慣代謝性酸中毒，不幸的是很多運動員都會面臨這樣的狀況。真正的目標正好相反……是要提升非乳酸的爆發力，並讓這個能力結合氧化磷酸化。

「……說得更明白一些，訓練必須朝向『抗糖解』的方向，也就是要盡可能減少糖解效應的參與。」（Verkhoshansky, 1988）

三大能量系統

· 在短時間且用盡全力的動態運動能量輸出中，三大能量系統的大致貢獻程度的圖表，主要是根據高水準運動員的飛輪車測試資料。（Volkov & Yaruzhny, 1984; Volkov et al., 2000）

這種概略型圖表的限制會變得很明顯，只要我們考量到資料都來自同質性相當高的團體，也就是芬蘭百米衝刺國家隊選手。經過不到5秒的40公尺衝刺後，速度較慢的受試者（雖然他們的總時間也都不到11秒）消耗將近43%的磷酸肌酸，而速度較快的受試者則消耗大約63%。（Hirvonen et al., 1987）

現存文獻中，能量系統的貢獻時間會有這麼多不同的說法，部分原因就是因為以上這個狀況。

不過，如果要設計出最好的課表，確實也必須先將現象通則化，之後有必要再個人化。

· 磷酸肌酸分解的速率取決於CP和CR的比例，肌酸激酶反應的ATP輸出會在磷酸肌酸耗竭前很久就下降。（Sahlin, 2006）

緊急系統

· 引述。（Yakovlev, 1983）

· 當ATP再生速率不再平衡ATP水解速率，且ADP濃度顯著增加時，肌激酶反應就會在肌肉疲勞明顯時發生。肌激酶反應很容易逆轉。（Volkov et al., 2000）

・肌激酶反應在超過10-15秒的全力衝刺中被觀察到。（Spriet, 2006）

強度不是努力程度，而是輸出的力

・ATP水解會產生粒線體蛋白質在基因層次的合成。（Meerson, 1971）

・AMPK是觸發快縮肌纖維粒線體生成的「總開關」。AMPK會控制骨骼肌中PGC-1α和粒線體酵素基因的展現。（Jäger et al., 2007）AMPK是低細胞能量偵測器，可以測量AMP和ATP的比例。也就是說，在細胞的層級上，較高的AMP和ATP比例會觸發AMPK的形成。（Gowans & Hardie, 2014）

・100%的強度就是所謂的MAP。（Selouyanov, 1991）「最大無氧爆發力（MAP）……就是用最大程度的爆發力輸出，在短時間（10-15秒）內有效執行無氧任務的能力。」（Verkhoshansky, 2011）

・「如果運動……強度太低，讓糖解或有氧系統跟得上能量消耗速率，那麼細胞中ATP的濃度就會增加。」（Stone et al., 2007）
不同程度的運動員，肌肉ATP的平衡會在不同運動強度時產生。（Yakovlev, 1974）從初學者到大師的所有運動員，都會在100-400公尺的競賽中，經歷肌肉ATP平衡的嚴重破壞。但如果是程度較低的運動員，也會在800公尺時發生同樣的狀況。（Krasnova et al., 1972）
請特別注意磷酸肌酸在各個跑步距離的貢獻：

各距離跑步中不同能量系統的相對貢獻百分比（Volkov et al., 2000）			
	磷酸肌酸	糖解	有氧
100公尺	50	50	X
200公尺	25	65	10
400公尺	12.5	62.5	25
800公尺	幾乎沒有	50	50

・運動強度與磷酸肌酸消耗速率呈線性關係。（Volkov et al., 2000）

就是有人搞不清楚狀況

· 單次Wingate長衝刺就會強烈啟動AMPD（Bogdanis et al., 1995; Esbjörnsson-Liljedahl et al., 1985; Hargreaves et al., 1998）；在 Wingate測試後的6分鐘，血氨濃度會達到原本的441%（Bogdanis et al.,1995）。因此雖然單次Wingate衝刺會讓AMP與ATP的比例提高21倍 （Morales-Alamo et al., 2013），我們還是認為30秒太長而且沒效率。

· 「哺乳類骨骼肌經過進化，會盡可能在運動和恢復時減少ATP流失成為 IMP，也會盡量不讓IMP成為肌苷和次黃嘌呤，因為IMP的重新合成需要腺 核苷酸的重新合成，會花一些時間。舉例來說，其他物種（魚）肌肉中儲存 的ATP會在上述情況下全部變成IMP，而IMP大部分都會在極端且威脅生命 的衝刺情況中，退化成副產品。（Pearson et al., 1990）因此，這些動物 需要6-12小時，才能將讓腺苷重新生成，讓休息時的ATP的ATP濃度回歸正 常。」（Hargreaves, 2006）

· 「〔電腦模擬〕CFS模擬顯示在ATP濃度很低的情況下，細胞死亡率會增 加。為了在ATP濃度很低的時候穩定能量供給，腺核苷酸的總量會大幅下 降。在這種狀況下，就算不考慮免疫失調和氧化壓力，恢復所需的時間也會 增加，而反覆的運動會讓這個狀況更糟。此外，CFS模擬呈現的酸中毒與乳 酸堆積狀況，也和經驗中觀察到的相符。」（Lengert & Drossel, 2015）

· 在短時間高強度的運動中，血液中的乳酸和氨的濃度似乎呈現強烈正相關。 Goldman & Lowenstein（1977）曾經指出，骨骼肌中的嘌呤核甘酸循環 會在「與糖解速率增加相關」的情況下運作。無論是經過訓練的短跑選手或 長跑選手，在最大強度的飛輪車測試後，血液中的氨和乳酸濃度都呈現強烈 正相關。（Itoh & Ohkuwa, 1990）
沒有訓練經驗的受試者在進行跑步機運動時，如果BLa達到大約9mM，腺核 苷酸的下降情況就會非常明顯。「該資料進一步支持以下假設：在高強度運 動時，會有一個關鍵的肌肉內部pH值，若低於這個pH值，就會讓腺核苷酸 下降，可能的原因是由磷酸肌酸帶動的ADP磷酸化動力大幅下降，造成ADP 的增加。」（Sewell et al., 1994）

在菁英400公尺短跑選手與跨欄選手的身上發現，血液中的乳酸與氨呈強烈正相關。（Gorostiaga et al., 2010）研究者強調，血液中乳酸沒有超過8-12mM的時候，就能維持肌肉的能量狀態，以及最大跑步速度或肌肉徵召能力；而乳酸如果超過這個門檻，上述這些特質都會下降，而功能性恢復也會延緩。

· 在使出全力的動態動作的剛開始5秒，肌肉乳酸濃度幾乎不會比休息時還高；但大概到了5-10秒的時候，乳酸濃度大約會變成兩倍；10-20秒再兩倍；20-30秒再兩倍；30-60秒再兩倍。（Volkov et al., 2000）

· 比起沒有訓練經驗的人而言，有訓練經驗運動員的肌肉所產生的去氨作用副產品IMP會少很多，而ADP和AMP則會多很多。（Yakovlev, 1971）運動適應的其中一種展現方式，就是AMP和ADP的去氨作用會減少。（Yakovlev, 1974）過度訓練則會降低對脫胺作用的抵抗能力。（Yakovlev, 1974）

符合時機的甜蜜點

· 磷酸肌酸的負載量必須維持一定的水準，大約是非乳酸系統總負載量的⅓，而如果低於這個水準，就不可能以高速率重新合成ATP。（Volkov et al., 2000）

· 無論訓練程度如何，女性體內製造的乳酸都比條件相同的男性少。（Kotz, 1998）執行最大強度運動以後，女性血液中氨的最高濃度也比男性低。（Itoh & Ohkuwa, 1993）女性青少年划船選手血液中的氨，也比男性還少，至於肌肉量和血液中氨的濃度之間並沒有發現任何關聯。針對這點，科學家提出兩種解釋：女性的快縮肌纖維比例較低，或是AMPD的活動比較不活躍。（Lutoslawska et al., 1992）

· 快縮肌纖維中的肌激酶比慢縮肌纖維更活躍（Kleine & Chlond, 1966; Raggi et al., 1969），AMPD也是（Raggi et al., 1969）。粒線體數量

較少的肌肉，產生的氨會比粒線體較多的肌肉更多。（Gerez & Kirsten, 1965）毫不意外的是，執行最高強度運動時，短跑選手產生的氨比長距離跑者多很多。（Itoh & Ohkuwa, 1990）訓練有素的男性柔道選手，在15秒的火力全開飛輪車運動後，血液中氨的濃度就會達到最高。（Itoh & Ohkuwa, 1991）

75公尺衝刺以後，14-16歲的年輕男性短跑選手血液中氨的濃度，比同齡同性別的中距離跑步選手高很多。（Hageloch et al., 1990）

· 根據現有研究資料，我們可以推論AMP累積的程度，取決於ATP水解和ATP再磷酸化速率的差異，再減去去氨作用分解的AMP。因此我們得到一個公式：

[AMP] = ((Δ ATP 水解– Δ ATP 再磷酸化) : Δ 時間) – 去氨作用分解的[AMP]

最理想的魔法次數

· 重複執行10-15秒的最大強度動態動作時，必須要有2.5-3分鐘的休息時間。一般來說，這樣的組間休息可以執行8-10組的訓練組，同時不至於讓磷酸肌酸濃度降到太低而導致爆發力顯著下降。（Volkov et al., 2000）

· 磷酸肌酸的恢復有兩個階段，第一個階段大約持續3分鐘，恢復速度很快，但3分鐘之後的恢復速度就會慢下來（Sahlin et al., 1979）。高強度運動後，磷酸肌酸通常需要5-8分鐘才會完全恢復（Volkov et al., 2000）。

· 在前蘇聯的舉重訓練法中，有經驗的選手每次訓練每個動作最多大約會做100下反覆次數。（Tsatsouline, 2014，有許多資料來源，若要取得更多資訊可以參考Plan Strong™）

· 引述。（Vorobyev, 1989）

美妙的旋律藏在休息中

· 除了AMP與ATP的比例，CP與CR的比例也是調控AMPK的關鍵。CP
與CR的高低與AMPK呈現劑量反應關係，較高的比例會抑制AMPK，
而較低的比例則會刺激AMPK（Ponticos et al., 1998）。Viollet et
al.（2010）甚至指出，在短時間高強度的運動中，調控AMPK的關鍵可能
是磷酸肌酸的減少，而不是AMP的增加。

增加AMPK活動的關鍵，可能是能量消耗的速率，而非消耗的總量（Clark
et al., 2004），雖然兩個因素很可能都會影響：「AMPK會啟動於……
人類肌肉中，特別是在循環運動的時候，而啟動的程度取決於時間與運動強
度。」（Jørgensen et al., 2006）

· 組間休息分類。（Matveev, 1991）

進一步研究

· 重複衝刺能力研究。（Balsom et al., 1992a, b; Dawson et al., 1996;
Dawson, 1998; Volkov et al., 2000）

· 執行完5組每30秒一次的6秒衝刺後，顛峰爆發力只下降大約8-10%。
（Morin et al., 2011）相比之下，如果30秒的衝刺一次做完，爆發力下降
的幅度會變成5倍以上，也就是大約40-50%。（Nevill et al., 1996）

Dawson et al.（1996）指出，執行5組的6秒衝刺，每組中間動態恢復30
秒，對專項需要反覆衝刺的運動員來說，是很有效率的訓練系列。研究人員
指出，如果運動員執行更大的訓練量，則第6次衝刺時體內的磷酸肌酸會連
運動開始前的一半都不到（大約只剩45%）。研究人員認為，第5組織後的
組數，對於磷酸肌酸路徑的依賴必然會下降，而仰賴更多的糖解與氧化磷酸
化。

將每系列的短衝刺總時間限制在30秒左右，也得到Gaitanos et
al.（1993）與Mendez-Villanueva et al.（2012）的研究支持。兩個研究
都檢視了10次6秒衝刺，組間休息30秒的訓練效果。在第一個研究中，在5

次衝刺以後，PPO下降15.9%，而10次衝刺後則下降33.4%；而MPO則分別下降12.6%和26.6%。Mendez-Villanueva et al.（2012）的研究也有類似的發現。

· 運動強度和磷酸肌酸的消耗速率呈線性關係。（Volkov et al., 2000）

· 執行5組6秒的衝刺，組間休息30秒之後，磷酸肌酸會來到原本的27.4%。（Dawson et al., 1996）由於是在運動結束後10秒才開始測量，而肌酸肌酶的反應在磷酸肌酸恢復初期的時候最快，所以我們可以合理推測，CP消耗應該超過75%。
  此外，在上述這種運動安排結束後的10秒左右，ATP會來到原本的66.2%（Dawson et al., 1996），其實消耗的幅度相當大，因為身體會花很多的努力保護ATP，而且就算是全力衝刺或反覆衝刺後，ATP濃度也只會比休息時的濃度下降20-40%左右而已。（Bogdanis et al., 1996; Hargreaves et al., 1998; Jones et al., 1985; Parolin et al., 1999; Spriet et al., 1989）因此，額外的衝刺不太可能會繼續消耗ATP。

· 伊朗菁英角力選手的研究。（Farzad et al., 2011）

最後驗證

· 抗乳酸間歇訓練的運動休息比例。（Fox & Matthews, 1974）

· 文獻中對於針對磷酸系統運動量的建議有很大的差異，有人建議每次訓練持續時間不要超過2分30秒（Tabarchouk et al., 2014），也有人建議要超過10分鐘（Matveev, 1991）。我們認為2分30秒比較合理，因為這個數字比較符合沃科夫提出的15秒抗乳酸訓練的最大訓練量。

· RSA衝刺訓練每系列之間的休息必須超過3分鐘。（Volkov et al., 2000）而Dawson et al.（1996）發現，3分鐘其實也不足以完全補充磷酸肌酸，因此建議組間休息應該更長才對，「或許要4-6分鐘」。

PART 3　爆發力訓練動作

我們精選的爆發力訓練動作

· 「主動加速彈震式動作」的引述。（Verkhoshansky & Siff, 2009）

爆發伏地挺身

· 引述。（Zatsiorsky, 1966）

· 一般來說，訓練爆發力都會使用最大阻力的40-70%。（Volkov et al., 2000）

PART 4　快樂打獵！

極致精簡的循環訓練

· 引述。（Yakovlev, 1974）

· 對沒有訓練經驗的成年人來說，他的心臟輸出已經足以支撐職業選手等級的長跑距離；而未訓練的人無法真正去參加這類賽事，其實是因為骨骼肌粒線體的訓練不足。因此，氫離子的形成會造成肌肉疲勞，並以二氧化碳的形式帶給心肺系統很大的壓力。（Antonov, 2013）

· 「一般認為要訓練出最好的耐力，就要提升最大攝氧量，因為通常認為最大攝氧量大致可以估計生物體在攝取、運送，以及利用氧氣的生理能力。然而有許多研究資料指出，運動員在賽季時最大攝氧量會下降、最大攝氧量程度不一（甚至較低）的運動員也能有很好的表現，而且最近十年發現，頂尖運動員的成就提升似乎不是因為最大攝氧量提升（Verkhoshansky, 1985），大家對於最大攝氧量作為耐力的關鍵指標，已經不是那麼確定。」（Verkhoshansky, 1988）

「……資料顯示，耐力的提升與血液中氧氣量提升，以及氧氣運送至工作肌群的效率提升比較沒有關係，而是與肌肉利用氧氣的比例提高比較有關。因此，決定運動員耐力水準的關鍵不是最大攝氧量的數值，而是肌肉本身對於長時間辛苦運作的適應程度有多少。

「要訓練耐力，不只要讓『呼吸』能力變得更好，更要……提升骨骼肌的肌力與利用氧氣的能力。因此，訓練耐力的主要方向絕對不是讓血液中的乳酸一直維持高濃度，而是要降低訓練時對糖解系統的依賴，並提升肌肉在運動時將乳酸氧化的能力。也就是說，訓練耐力的主要方向，就是要消除肌肉糖解與氧化能力之間的差異（因為這個差異正是造成高乳酸濃度的主因），並同時專注於讓有氧能量系統得到最大的利用。」（Verkhoshansky, 1985）

Delta 20原則

· 引述。（Vorobyev, 1977）

· 引述。（Vorobyev, 1989）

· 穩定結構常數。（Chernyak, 1978）

為持久而練

· 如果進入退訓練效應，首先流失的就是與有氧系統相關的能力（最大攝氧量、心輸出量等等）。（Yakovlev, 1974）

· 運動員最大攝氧量越高，退訓練效應帶來的下降幅度就越大。（Platonov et al., 2004）

· 比起穩定狀態訓練方法而言，間歇訓練帶來的心肺適應並不穩定。（Platonov et al., 2004）

停止訓練後所留下的特質（Issurin & Shklyar, 2002）		
特質	持續時間（日）	背後機制
有氧耐力	30±5	有氧酵素、MT質量、微血管、血紅蛋白、肝醣、脂肪分解的速率較高
最大肌力	30±5	神經與肌肥大
無氧糖解耐力	18±4	糖解酵素、肝醣、緩衝能力、對乳酸較高的耐受力
抗乳酸最高速度	5±3	神經、磷酸肌酸存量

· 型態適應比生物化學適應更穩定。（Yakovlev, 1974）
雖然以細胞質為主體的酵素並不穩定（Yakovlev, 1974），但去氫酶活動在有訓練經驗者身上可以維持很長一段時間（Yakovlev, 1950）。

· 訓練的持續時間越長，適應就會越深層，停止訓練後也會留得更久。舉例來說，如果訓練持續30天，那麼在停止訓練30天後，肝醣、磷酸肌酸和肌肉組織中的氧化磷酸化活動就會回到訓練前水準；如果訓練持續90天，那麼在停止訓練30天後，肝醣和氧化磷酸化活動完全不會下降，而磷酸肌酸雖然會變少，卻也不會回到訓練前的水準。（Yampolskaya & Yakovlev, 1951）

· 低訓練量維持負荷的速度成分越多，就越能預防退訓練效應帶來的影響。（Yampolskaya & Yakovlev, 1951）

· 引述。（Yakovlev, 1974）

· 訓練頻率越高，退訓練效應就來得越快，反之亦然。（Hettinger, 1961）

· 在相當疲勞的跑步訓練後的幾天，肌原纖維蛋白合成速率會受到影響，但肌漿蛋白合成速率在訓練後卻會上升。（Nekrasov, 1982; Séne, 1987）也就是說，我們有辦法每天都能有效讓粒線體獲得訓練。（Myakinchenko & Selouyanov, 2005）

時程安排

· 正確的暖身會大幅增加爆發型運動的表現。（Verkhoshansky, 1977）「暖身對肌力不一定會有統計上顯著的正面影響。」（Kotz, 1998）

· 引述。（Verkhoshansky and Siff, 2009）

請為自己作出最佳選擇

· 在負荷上做出高度變化，會延後高原期的出現。（Vorobyev, 1977）
· 訓練若偏向力量速度曲線的最右邊（速度），效果可以遷移至曲線的中間（爆發力）。（Khokhmut, 1962）
· 若要訓練徒手動作的速度與頻率，可以使用最大阻力的15-20％。（Verkhoshansky, 1988）

· 早期前蘇聯的執教方式都受到帕夫洛夫的影響：最佳的適應狀況會發生在「特定刺激以嚴謹的順序重複發生，而且中間的間隔也很固定」。（Pavlov, 1949）到了1960年代，高度規律的訓練仍然受到推崇。（Luchkin, 1962）之後，有人認為「週一、週三、週五」這種規律的訓練頻率固然適合初學者，但對於需要更多變化的進階運動員來說就不盡理想，至少在競賽期以外的時間不盡理想。（Vorobyev, 1977）

· 引述。（Roman, 1986）

· 訓練有氧耐力和肌肉量的時候，要將負荷變化降到最低。訓練目標是速度力量或想在不增加體重的情況下提升肌力時，就建議使用較多的變化。（Zakharov et al., 1994）

Strength & Conditioning 008

帕維爾絕對爆發訓練法：
用最少的動作、最俐落的練法，給你最大的成效
The Quick and The Dead:
Total Training For The Advanced Minimalist

作　　者｜帕維爾·塔索林（Pavel Tsatsouline）
譯　　者｜王啟安

堡壘文化有限公司
總 編 輯｜簡欣彥
副總編輯｜簡伯儒
責任編輯｜郭純靜
校　　對｜翁蓓玉
行銷企劃｜許凱棣
封面設計｜萬勝安
內頁構成｜IAT-HUÂN TIUNN

讀書共和國出版集團
社　　長｜郭重興
發 行 人｜曾大福
業務平臺總經理｜李雪麗
業務平臺副總經理｜李復民
版 權 部｜黃知涵
印 務 部｜江域平、黃禮賢、李孟儒

出　　版｜堡壘文化有限公司
發　　行｜遠足文化事業股份有限公司
地　　址｜231 新北市新店區民權路 108-3 號 8 樓
電　　話｜02-22181417　傳真｜02-22188057
E m a i l｜service@bookrep.com.tw
郵撥帳號｜19504465 遠足文化事業股份有限公司
客服專線｜0800-221-029
網　　址｜http://www.bookrep.com.tw
法律顧問｜華洋法律事務所　蘇文生律師
印　　製｜凱林彩印股份有限公司
初版 1 刷｜2023 年 5 月
定　　價｜450 元
I S B N｜978-626-7240-44-1
　　　　　978-626-7240-52-6（Pdf）
　　　　　978-626-7240-53-3（Epub）

國家圖書館出版品預行編目（CIP）資料

帕維爾絕對爆發訓練法：用最少的動作、最俐落的練法，給你最大的成效／帕維爾.塔索林（Pavel Tsatsouline）著；王啟安譯. -- 初版. -- 新北市：堡壘文化有限公司出版：遠足文化事業股份有限公司發行，2023.05
　192 面；　19X26 公分. --（Strength & Conditioning；8）
譯自：The quick and the dead : total training for the advanced minimalist.
ISBN 978-626-7240-44-1(平裝)

1.CST: 運動訓練 2.CST: 體能訓練
528.923　　　　　　112005049